니나펜다 탄자니아
NINAPENDA TANZANIA

니나펜다 탄자니아
NINAPENDA TANZANIA

초판인쇄 2019년 10월 2일
초판발행 2019년 10월 2일

지은이 정은희
펴낸이 채종준
펴낸곳 한국학술정보(주)
주 소 경기도 파주시 회동길 230(문발동)
전 화 031-908-3181(대표)
팩 스 031-908-3189
홈페이지 http://ebook.kstudy.com
E-mail 출판사업부 publish@kstudy.com
등 록 제일산-115호(2000. 6. 19)

ISBN 978-89-268-9652-5 13040

내가 사랑한 탄자니아의 모든 순간

니나펜다 탄자니아
NINAPENDA TANZANIA

정은희 지음

이담
Books

　　누군가 나에게 '왜 하필 아프리카를 가려고 해?'라고 질문한다면, '첫사랑, 첫눈에 반한 것 같은 느낌이라면 비슷할까'라고 대답할 것 같다. 나는 어린 시절부터 아프리카 아이들에 대한 긍휼의 마음을 가지고 있었다. 마치 누가 어린 내 마음속에 아프리카라는 씨앗을 심어준 것처럼 말이다. 그렇지만 지구 반대편 아프리카 아이들에게 도움이 되는 일을 하려면 엄청난 능력이 있어야 한다고 생각했다. 그래서 나는 내 가슴속 진짜 꿈을 잠시 덮어두었다.

　　모두가 첫사랑은 잊을 수 없다고 말하는 것처럼 나 또한 아프리카에 대한 마음을 지울 수 없었다. 심어진 씨앗이 자라나는 것처럼 이런 마음은 커져만 갔다. 그래서 어느 순간 결단을 내렸다. 그때부터 내 삶은 완전히 바뀌기 시작했다.

　　졸업 후 NGO 홍보팀에서 일을 시작했다. 날마다 사랑스러운 아이들의 사진을 보고 지부 소식을 메일로 전달받아 글을 쓰고 아이들을 후원해주시는 후원자들도 만날 수 있었다. 그러나 일을 하면 할수록 아프리카 현장에 가고 싶은 마음이 커졌다. 결국, 회사를 그만두고 코이카 해외봉사단원 지원 자격을 갖추기 위해 공부를 하며 준비하다가 탄자니아 지역개발단원으로 최종합격 되었다.

　파견국가가 탄자니아라서 얼마나 기쁘고 감사했는지 모른다. 탄자니아에 파견되기 전 아프리카 아이들 앓이를 하며 그들을 사랑했던 열정이 생각난다. 그리고 한국에 돌아온 지금, 나는 여전히 탄자니아 앓이 중이다. 이게 바로 탄자니아 병이란다. 이 병에 걸리면 탄자니아에 돌아갈 수밖에 없단다. 아무래도 나, 탄자니아 병에 단단히 걸린 것 같다. 어떤 약을 먹어도 듣지 않을 것 같다. 어릴 때부터 마음에서 자란 이 일이 내 운명 같다. 그래서 나는 감사하다.

Contents

Chapter 3 희로애락, 탄자니아 라이프

Chapter 1

탄자니아 적응기
(This is Tanzania!)

Africa

Tanzania

01

이웃 나라 케냐를 거쳐
탄자니아로

탄자니아 Dar es Salaam으로 가는 하늘길

동기들과 함께 인천국제공항에서 대한항공을 타고 케냐 나이로비 공항에 도착했다. 나이로비 공항에 내리자마자 세 가지 사실에 놀랐다. 이유인즉슨 우리나라 버스터미널 정도 되는 공항 크기와 쌀쌀한 날씨, 그리고 무료 와이파이가 가능해서다.

새벽이라 작은 면세점들은 대부분 문이 닫혔다. 시간이 제한되어 있지만, 무료로 사용 가능한 와이파이 덕분에 가족에게 메시지를 남길 수 있었다. 케냐는 탄자니아보다 평균기온이 낮다. 알고는 있었지만 직접 느껴보니 생각했던 것보다 나이로비의 새벽공기가 차다. 내가 후원하고 있는 아이도 나이로비에서 멀지 않은 마사이 마을에 살고 있어 케냐 공항으로 온 것이 왠지 모르게 더 반갑다. 설레는 마음으로 단복을 갖춰 입고 비행시간을 기다린다.

케냐항공 비행기를 타고 탄자니아의 경제수도 다르에스살람으로 향했다. 다르에스살람을 줄여 다르, 다레살람으로 부른다. 한 시간 반 비행 끝에 드디어 꿈꾸던 땅, 탄자니아에 도착했다. 떨리고 두근거리는 순간, 어릴 때부터 그렇게 바라고 바라던 아프리카, 탄자니아 땅을 밟았다.

비행기에서 내리자마자 나이로비와는 다른 후텁지근하고 습한 공기가 온몸을 감싼다. 공항에 들어서자 단원들을 기다리고 있던 사무소 선생님을 만나 안내사항을 듣고 입국심사를 받기 위해 줄을 섰다. 탄자니아 문화 자체가 외국인에게 매우 까다롭고 업무를 느리게 처리해서 20명의 짐이 무사히 나오지 않을까 걱정했는데 예상과 달리 시간 지체 없이 짐까지 완벽하게 찾았다. 20명의 인원이 입국하는데 이렇게 빨리 통과된 것은 이례적인 일이란다. 첫 출발이 좋다.

　나는 한국에서 이민 가방 2개와 캐리어 1개를 가지고 왔다. 정장 차림에 짐도 많은 데다 뜨거운 햇볕 덕에 온몸에 땀이 줄줄 흐른다. 단원들과 함께 단체 사진을 찍고 미니버스를 타고 며칠간 지낼 다르에스살람 임시숙소로 향했다. 드디어 탄자니아 땅에 발을 디뎠다. 이제 진짜 시작이다!

02

다르에스살람에 도착하다

버스에서 바라본 다레살람의 첫 풍경, 기아 모터스가 보인다.

다르에스살람에서는 안전을 위해 지켜야 할 사항이 많다. 그중 한 가지는 차 안에서는 반드시 문을 잠그고 창문을 열어선 안 된다. 창문을 열고 손을 내밀면 더더욱 안 된다. 닫힌 창문 너머로 보이는 탄자니아 풍경에 눈을 떼지 못한 채 임시숙소에 도착했다.

이곳에서 며칠간 머물며 동기들과 함께 현지적응훈련을 받게 된다. 숙소에 내리자마자 짐을 실은 트럭이 뒤따라왔다. 어마어마한 양이다. 다행히 인부들이 엄청난 속도로 가방을 내려주었다. 나는 2인 1실 1층 방으로 숙소가 배정되었다. 짐이 많아서 계단으로 짐을 끌고 가기 엄두가 나지 않았는데 다행이다. 작은 방이지만 모기장이 달린 침대도 있고 샤워기에서 물도 나온다. 부디 모기장에 구멍 뚫린 곳이 없길 바라는 마음으로 짐을 두고 다 함께 외출에 나섰다.

03

탄자니아에도
대형 마트가 있다

탄자니아의 대형 마트

탄자니아에도 대형 마트가 있다. 이렇게 큰 마트가 있을 줄 상상도 못 했다. 이곳에서 기본적인 생필품을 살 수 있지만, 가격이 비싸다.

마트 입구 간판에 SAMSUNG이 우리를 반긴다. 기념해야 한다며 앞에서 사진도 찍었다. 탄자니아 땅에서 한국 기업의 간판을 보니 이렇게 반가울 수가 없다.

음리마니 시티 마트에는 환전소, 옷가게, 휴대폰, 액세서리, 식료품, 심지어 생각지도 못한 영화관과 햄버거 가게도 있다. 그러나 주어진 시간은 단 1시간. 1시간 안에 미션을 성공해야 한다. 먼저 환전소에서 탄자니아 실링(TSH)으로 환전을 하고 당장 사야 하는 휴대폰과 전기 콘센트를 구매했다. 갑자기 휴대폰 가게에 한국인들이 단체로 몰려와 3만 5천 실링의 똑같은 휴대폰을 구매하고 있는 상황이 재미있다. 직원들은 계속해서 똑같은 휴대폰을 찾아내느라 정신이 없다. 오늘 이 가게 단체 한국인 덕분에 장사 다 한 것 같다.

숙소로 돌아가는 버스 안에서 20명이 단체로 스마트폰이 아닌 작디작은 노키아 2G폰을 만지느라 정신이 없다. 이제 탄자니아 휴대폰 번호가 생겼다.

04

다르에스살람에서
보낸 3일

아름다운 다레살람 슬립웨이 비치

처음 타본 바자지

　3일 동안 다레살람에서 안전, 행정, 회계, 문화 현지적응 교육을 받는
다. 수도에서 단원이 갈 수 있는 병원 견학도 다녀왔다. 병원에 가보니 다
양한 나라 출신의 간호사와 의사가 있다. 저마다 어떤 이유로 먼 타국 땅
에서 일하고 있는 것인지 궁금하다. 중간중간 현지 교통수단도 경험해보
고 현지 음식도 먹었다. 그 과정에서 스와힐리어를 말하며 실전 회화연
습에 돌입했다.

다레살람은 땅이 넓기도 하고 경제수도라 그런지 높고 큰 건물과 주택들이 즐비하다. 그러나 그 중간중간에 허름한 시골 마을의 모습이 숨겨져 있어 빈부격차가 더욱 선명하게 보인다. 14개월 동안 지낼 모로고로는 과연 어떠한 모습일지 더욱 궁금해진다.

한인 식당에서 탄자니아 사무소 가족들과 환영식을 했다. 마지막 날에는 아름다운 슬립웨이 비치에서 바다도 보고 남은 시간을 즐겁게 보냈다. 짧지만 꿈만 같은 3일이었다.

05

모로고로 언어학교
생활의 시작

설레는 마음으로 한 달간 지낼 모로고로 루터란 스와힐리어 언어학교에 입학했다.

다레살람에서 모로고로로 가는 동안 변하는 창밖 풍경에 점점 실감이 난다. 다레살람은 빈부격차가 분명하게 보였는데 모로고로는 아프리카 농촌시골의 전형적인 모습이다. 쨍하게 맑고 푸른 하늘과 산 그리고 사방에 펼쳐진 넓디넓은 땅을 보니 왜 아프리카 사람들이 시력이 좋다는지 알 것도 같다.

설레는 마음으로 한 달간 지낼 모로고로 루터란 스와힐리어 언어학교에 입학했다. 도착하자마자 3개의 짐짝을 옮겨 또 한 번의 작은 이사를 했다. 이번에도 2인 1실로 된 방에 배정받았다. 방이 다레살람보다 낡았지만, 모기장이 있고 물만 나오면 문제 될 것이 없다.

방 배정을 받고 교실로 들어가 선생님들과 인사를 나누고 전반적인 학교생활과 스와힐리어 커리큘럼에 대해 안내를 받았다. 인원이 많다 보니 선생님들과 학생들로 교실이 꽉 찼다. 앞에서 강의를 해주시는 선생님은 추마 교장 선생님 그리고 중간중간 회화나 학습을 도와주는 선생님들이 있다. 아침 8시부터 12시까지는 추마 선생님의 수업을 듣고, 점심시간 이후 2시부터 4시까지는 1명의 선생님과 4명의 학생이 구성된 그룹으로 회화 위주의 실습을 하게 된다.

스와힐리어로 자기소개를 하고 선생님들의 안내를 받으며 학교를 둘러보았다. 이 학교는 중·고등학생들이 공부하는 명문 기숙학교라고 한다. 그리고 학교 한편에 스와힐리어 언어학교가 있어 외국인들이 많이 온다고 한다. 나는 무엇보다 학교 안에 유치원이 있다고 해서 무척 기대

중이다. 그런데 선생님이 지금은 아이들이 하교하여 없으니 내일 오전에 가면 아이들을 만날 수 있다고 한다. 내일은 꼭 아이들과 인사를 해야겠다고 다짐하며 학교를 둘러보았다. 식당과 매점, 운동장, 교실, 기숙사, 관사도 있다. 내일부

스와힐리어 교재

터 본격적인 시작이다. 스와힐리어, 열심히 해보자! **Hamna shida!**(문제없어)

학교에서 먹는 현지식 식사　　　　　　학교 바오밥 나무

06

스와힐리어 공부 그리고
눈물의 하루

종종 서로의 발음을 못 알아들어 엉뚱한 말을 해 웃음이 터지곤 한다.

학교에서 스와힐리어를 배우면서 깨달은 한 가지. 한국에서 합숙 교육 때 배운 스와힐리어는 초보 수준이라는 것. 학교에서는 문법과 회화를 체계적으로 여러 패턴으로 배우고 수업 시간 중간중간마다 상황극과 회화연습까지 더해 공부할 수 있다.

모든 수업은 영어로 진행하는데 처음에 약간 당황했다. 한국인은 미국식 발음에 익숙한데 탄자니아 사람들은 영국식 영어를 배우고 또 그 발음이 아프리카식으로 조금 변형되어 사람마다 발음과 억양이 다르다. 다행히 선생님의 영어는 시간이 지날수록 잘 들렸다.

오후 그룹 드릴 시간에는 오전에 배운 중요 회화를 단어와 패턴을 활용하여 계속 묻고 답하기 연습을 한다. 나는 이 시간을 좋아한다. 질문 답변 시간 때 종종 서로의 발음을 못 알아들어 엉뚱한 말을 해 웃음이 터지곤 한다. 스와힐리어를 발음하다가 간혹 웃긴 발음이 나오게 되면 깔깔깔 웃으며 배꼽을 잡기도 한다. 소그룹으로 회화 연습을 하니 집중도 잘되고 재미있다. 그리고 매일 저녁에는 개인적으로 숙제를 하며 복습시간을 가진다.

이날도 변함없이 아침 8시가 되어 교실에서 수업을 듣고 있었다. 시간이 얼마 지나지 않아 언니로부터 외할머니가 돌아가셨다는 메시지를 받았다. 출국하기 며칠 전, 나는 외할머니를 뵈러 갔었다. 그런데 할머니가 이전과는 다른 얼굴이셨다. 이전에도 걷지 못하셔서 누워계셨지만 다른 곳은 괜찮으셨다. 그런데 이날은 얼굴이 너무 아파 보이셨다. 나는 할머니를 두고 방에서 나오자마자 펑펑 울었다. 그리고 이틀 뒤, 할머니가 중환자실로 가셨다.

며칠 안 남은 출국 준비로 정신이 없었다. 부모님도 덩달아 정신없는 상황이었는데 할머니까지 중환자실에 계시게 되어 엄마는 이래저래 걱정이 많으셨다. 출국 하루 전날 밤, 다시 할머니를 뵈러 갔다. 난생처음 들어가 보는 중환자실. 이모들과 부모님과 함께 할머니를 위해 기도를 했다. 어쩌면 할머니와 마지막일 수도 있는 상황에 너무 마음이 아팠다. 할머니에게 가까이 다가가서 그동안에 사랑해주신 것, 할머니와의 추억을 이야기하며 감사하고 사랑한다고 말했다. 이것이 할머니께 사랑한다고 말한 처음이자 마지막이 되었다.

그렇게 할머니의 소천 소식을 듣고 나니 죄책감과 슬픔이 몰려왔다. 1교시 내내 고개를 처박고 눈물만 훔쳤다. 내가 할 수 있는 게 없어서 답답했다. 학교에서 인터넷이 터지지 않아 전화도 걸리지 않는다. 이곳저곳 통신이 되는 위치를 찾아다니며 간신히 연결된 전화로 엄마의 목소리가 들리자 눈물이 터졌다. 대화하고 싶은데 연결 상태 때문에 무슨 말인지 잘 들리지 않는다. 할머니와 가족들을 위해 내가 할 수 있는 건 기도뿐이었다.

07

특별한 주말

모로고로 시내를 벗어나 한참을 달리다 보니 도로에서 귀여운 얼룩말을 만났다.

언어학교에서 지내는 한 달 동안 매주 토요일은 학교에서 정해준 특별활동 프로그램에 참여한다.

첫 번째로 맞이한 토요일에 언어학교 선생님들과 함께 모로고로 시내 투어를 다녀왔다. 모로고로 재래시장을 구경하며 가격도 흥정해보았다. 그리고 드디어 한국에서 가져온 스마트폰에 넣을 탄자니아 유심칩과 인터넷 바우처를 구매했다. 시간은 오래 걸렸지만, 드디어 인터넷을 사용할 수 있게 되어 다들 기뻐했다.

단원들을 기다리다 배가 출출하여 건너편 피라스라는 작은 슈퍼에 들어가보았다. 시장과는 비교가 안 될 만큼 가격이 비싸다. 보통 인도나 유럽제품들이 슈퍼에 있는데 그래서 그런지 가격이 매우 높다. 감자 칩 한 봉지와 소다 1병을 사 먹었다. 그 이후에 깨달았다. 이 작은 슈퍼가 모로고로에서 가장 좋고 큰 슈퍼였다는 것을.

매주 토요일 선생님들과 마사이 소 시장도 구경하고, 등산도 다녀왔다. 하루는 탄자니아 전통 그림을 그리는 수업을 했다. 나는 코끼리 그림을 그리고 칠했는데 온종일 그림을 그려 체력이 지치기도 했지만, 방에 놓인 그림을 보니 제법 뿌듯하다.

| 내가 만든 작품 | 교회에서 받은 사과 |

    주일이면 동기들과 교회에 가서 스와힐리어 예배를 드린다. 예배시간이 기본 2시간 정도 된다. 시내 가스펠 처치는 4시간 넘게 예배를 드린다고 한다. 학생들과 함께 예배를 드리며 세례받는 모습도 보았다. '탄자니아 예배는 이런 식이구나'라는 걸 알 수 있다. 처음 예배를 드리러 간 날, 어떤 아이가 선물이라며 사과를 건넸다. 작은 사과 한 쪽이었지만 얼마나 고마웠는지 모른다.

    그리고 오후에는 밀린 빨래를 손으로 열심히 빨아 널기도 하고, 하루는 큰맘 먹고 단원들과 시내 음식점을 찾아갔다. 지금 생각해보면 그 이후로도 같은 식당에 가서 똑같은 음식을 몇 번이나 먹어봤는데 그날 먹었던 음식이 가장 맛있었다(참고로 탄자니아 레스토랑은 갈 때마다 음식 맛이 다르다).

어딘지 모르는 모로고로 시내 맛집을 찾아서

08

학교에서 하루를
즐기는 방법

깨끗하고 맑은 하늘을 마주하며 걷는 시간이 정말 좋다.

학교에서 나오는 식사를 잘 먹지 못하고 있다. 첫 주부터 장 상태가 좋지 않아서 단순 물갈이인 줄 알았는데 그것이 장티푸스의 첫 신호였다.

음식도 너무 기름지고 자꾸 배가 아파 밥을 잘 못 먹으니 하루 두 번 있는 차이 타임에 나오는 차와 빵을 많이 먹게 된다. 마마들이 만드는 빵은 정말 맛있다. 그 빵을 칠리 케첩에 찍어 먹으면 더 맛있다. 중독의 칠리소스다. 하루 일과 중에 차이 타임, 쉬는 시간에 찾아가는 매점에서 소다 한 잔 마시는 것이 소소한 즐거움이다.

운동의 필요성을 느껴 점심시간 이후 시간을 활용해 운동장을 돌기 시작했다. 이 시간엔 학교 학생들은 수업 중이라 운동장에 사람이 없어 홀로 운동장을 누비며 운동할 수 있다. 무덥다 보니 아무래도 조금만 움직여도 땀이 나고 체력소모가 커서 체력관리는 필수인 것 같다. 온몸에 땀이 비 오듯 흐르지만 깨끗하고 맑은 하늘을 마주하며 걷는 이 시간이 행복하다. 운동하고 나면 옷이 땀에 흠뻑 젖는다. 찬물에 샤워하고 오후 수업을 가면 상쾌하니 딱 좋다.

탄자니아는 한국이랑 비교할 수 없는 예쁜 하늘과 구름, 밤하늘의 별이 있다. 땅과 하늘이 가깝고 그래서 구름도 크게 보인다. 그리고 밤이면 사방에서 별들이 반짝인다. 밤에는 숙소 앞에서 별들을 맘껏 즐길 수 있다. 낮이고 밤이고 자꾸만 하늘을 바라보게 된다.

또 한 가지 나의 기쁨은 바로 유치원 아이들을 만나는 시간. 오전 수

아이들과 하이파이브   잊지 못할 생일파티

업이 12시에 끝나는데 유치원 아이들은 그 시간에 하교한다. 그래서 늘 수업이 끝나면 유치원 앞으로 뛰어간다. 하루는 유치원으로 가고 있는데 난생처음 보는 유치원 꼬마가 나를 향해 두 팔을 벌리고 달려오더니 내 품에 쏙 안겼다. 나는 아이가 엄마에게 달려가는 건가 싶었다. 생전 처음 보는 외국인을 이렇게 살갑게 안아주는 일은 흔치 않은 일이다. 마치 나를 오랫동안 기다리고 있던 것처럼 달려와 폭 안기는데 얼마나 기분이 좋았는지 모른다. 나도 아이를 꼭 안아주고 머리도 쓰다듬어줬다.

원래 유치원 문을 닫아놓는데 내가 자주 찾아가니 이제는 선생님이 안에 들어와도 된다고 문을 열어준다. 매일 유치원에 가서 아이들과 인사하고 하이파이브도 하고 신발 끈도 묶어주고 간식도 나누어 먹는다.

기숙학교 마지막 날. 꿈꾸던 탄자니아에서 처음으로 가까워진 정든 꼬마들이 많이 보고 싶을 것 같다. 마음을 열어 다가와 주고 간식도 나누어주는 천사 같은 아이들. 한국에서 상상하고 꿈꿨던 아이들과의 시간으로 행복했다.

언어학교 유치원 아이들

09

언어학교와 첫 이별의 순간

탄자니아에서 한 달의 시간이 지났다. 정들었던 언어학교도 이제 떠나야 한다. 국내에서부터 늘 붙어있던 단원들과도 이제는 헤어져야 할 시간.

스와힐리어 최종시험을 보고 선생님들과 학생들과 함께 즐거운 셀레브레이션을 했다. 선생님들로부터 수료증과 꽃목걸이도 받고 마지막 저녁 식사를 함께했다. 모로고로에 팡가웨 마을 팀원들만 남기 때문에 임지로 떠나는 단원들을 배웅했다. 단원들이 떠나고 나니 이제 정말 탄자니아에서 본격적인 활동이 시작되는 것이 피부로 느껴진다. 아쉬움을 뒤로하고 한 달 동안 숙소에 풀어놓은 짐을 정리하며 정든 학교를 떠날 준비를 마쳤다.

우리 팀은 이제 마을로 들어가 새마을 지역개발 프로젝트를 이어나

가야 한다. 그리고 생활할 곳을 정하기 전까지 임시 주거지인 게스트하우스에서 지내게 되었다. 선배 단원의 가이드로 다시 짐을 끌고 무사히 게스트하우스로 이사를 했다. 이제 팡가웨 마을을 향한 새로운 시작이 코앞으로 다가왔다.

선생님들과 함께 사진 촬영하던 날

NINAPENDA TANZANIA

Chapter 2

탄자니아
문화 속으로

Africa

Tanzania

01

탄자니아 의, 식, 주

무디네 집

chapter 2
탄자니아 문화 속으로

탄자니아 의, 식, 주는 국내 교육 때 공부를 했다. 특별히 국내 교육을 마치고 스와힐리어 선생님, 단원들과 함께 이태원에 있는 탄자니아 음식점에 가서 현지식을 먹어보기도 했다. 그때 탄자니아 대표 음식 우갈리를 먹고 충격에 빠졌다. 지금 생각해보니 이태원 음식점은 가격도 비쌌고 탄자니아 현지식보다 맛도 없었다.

탄자니아 '의'에 대표적인 것은 바로 캉가와 키텡게. 남녀노소 할 것 없이 캉가와 키텡게 패션이 대세다. 캉가와 키텡게는 알록달록한 무늬를 가진 색깔의 넓은 천이다. 한 장의 천이면 한 벌 옷을 만들 수가 있다. 천을 가지고 재봉 기술자에게 옷을 맞춤 제작하여 입고 시골 사람들은 천을 돌돌 감거나 둘러서 옷으로 입는다.

외국인들도 캉가로 드레스, 치마, 셔츠를 만들어서 입고 다니기도 한다. 특별히 탄자니아에서는 선물로 캉가와 키텡게를 많이 준다. 그에 대

두건, 치마, 포대기로 다양하게 쓰이는 캉카   히잡 쓴 마을 꼬마

한 답으로 선물을 받은 이는 천으로 옷을 맞춰 입는 문화가 있다. 또 이별할 때 선물로 천을 둘러주기도 한다. 선물에 많이 사용되는 캉가와 키텡게다. 그리고 탄자니아에서 한국인들의 패션 스타일로 빠질 수 없는 냉장고 바지. 날씨가 더워서 아주 유용하다. 한국에서는 잘 안 입는 냉장고 바지가 이곳에서는 최적의 옷이다.

한국 티셔츠를 입은 삐끼삐끼 기사

다른 특별한 점은 한국 사람들이 의류함에 버리는 옷들이 아프리카에 많이 들어온다. 옷, 가방, 신발 등 종류도 다양하다. Mitumba(중고시장)에 가면 한글이 박힌 옷과 가방을 볼 수 있고 실제로 거리에서 한국 옷이나 가방을 멘 현지인들을 볼 수 있다.

많은 서민은 미툼바 시장에서 옷을 사 입는다. 나도 미툼바를 좋아하는데 싸고 괜찮은 옷들이 많다. 반소매 티는 500~2,000실링이면 사고, 청바지도 1,000~5,000실링이면 살 수 있다.

예전에는 이슬람 문화 영향으로 여성들은 무조건 긴 치마만 입고 다녔는데 요즘 젊은 여성들은 스키니진도 입고 다닌다.

튀긴 돼지고기와 바나나 튀김   삼부사와 필라우

　탄자니아의 주식은 우갈리, 사마키(생선), 필라우, 마하라게(콩 요리), 은디지(바나나 요리), 짜파티, 삼부사, 칩시 마야이, 만다지, 키티모토(돼지고기), 쿠쿠(닭고기), 웅옴베(소고기), 카춤바리(샐러드) 등이다.

　시골 마을에서 간식거리로 가장 많이 먹는 것은 짜파티와 삼부사, 만다지. 시내나 길거리에서 가장 많이 먹는 간식은 미시까끼(꼬치구이)와 칩시 마야이. 탄자니아 음식 중 가장 많은 먹은 것이 바로 이 두 가지인 것 같다. 미시까끼는 쇠꼬챙이에 고기 3덩이를 끼워 넣어 숯불에 구워 먹는 음식인데 싸고 맛도 좋다. 모로고로에서는 한 꼬치에 200실링 정도 하는데 최소 5개 이상은 먹어야 간에 기별이 간다. 고기 크기가 엄지손톱만 하다. 미시까끼는 필리필리(고추) 소스에 찍어 먹어야 맛있다. 칩시 마야이는 감자튀김을 부침개처럼 계란에 부쳐서 먹는 음식이다. 가장 거부감 없고 익숙한 맛이다.

탄자니아의 가정식으로 우갈리(옥수수 가루를 끓은 물에 넣어 반죽하여 만든 음식), 왈리(밥), 옥수수와 콩을 섞어 먹는 것, 반찬으로는 은디지(바나나) 삶은 것 또는 튀긴 것, 마하라게(콩) 삶은 것, 소고기, 닭고기, 필라우(볶음밥)가 있다. 현지인 집에 초대를 받았을 때도 소고기가 들어간 필라우, 삶은 감자, 마하라게, 카춤바리를 먹었다.

탄자니아 대표 주식인 우갈리는 손으로 많이 주무를수록 맛이 있다고 하는데 초보자에겐 쉽지 않다. 우갈리는 생선, 콩 등과 곁들여 먹는다.

탄자니아는 모든 음식의 간이 매우 짜다. 현지인들은 놀랄 정도로 소금을 많이 쳐서 먹는다. 그리고 물처럼 탄산음료를 마신다. 쨍쨍하게 내

우갈리와 마하라게   탄두리 치킨과 칩시

리쬐는 아프리카 햇볕 덕에 그럴 수밖에 없음을 살면서 깨달았다. 도저히 물 가지고는 갈증이 해소가 안 되니 자꾸만 탄산을 찾게 된다. 우리나라처럼 식당에서 물이 공짜가 아니라 음식을 주문할 때 물도 같이 시켜야 하니 자연스럽게 탄산을 더 찾게 되는 것 같기도 하다. 나는 그중에 한국에서는 맛볼 수 없는 bitter lemon과 fanta passion을 가장 좋아한다.

이곳은 아프리카다. 한국에선 맛볼 수 없는 과일들이 많다. 탄자니아에 살아서 좋은 점 하나는 바로 다양한 과일들을 저렴한 가격에 먹을 수 있는 것. 흔히 볼 수 있는 과일은 망고와 파인애플. 그밖에도 수박, 오렌지, 바나나, 패션, 잭 프룻, 파파야 등 다양한 과일이 많다.

마당 나무에서 직접 딴 익은 파파야 | 팡가웨 마을 잭 프룻 | 맛있게 익은 망고 | 탄자니아 귤 – 속에 큰 씨가 있고 단맛보단 신맛이 매우 강하다.

산골 시골집 모습

　탄자니아의 주거환경은 지역마다 차이가 있고 지역 내에서 시골과 시내의 주거 모습을 보면 빈부격차를 느낄 수 있다. 인구가 많고 면적이 넓은 다레살람에는 고층 빌딩이 많다. 특히 포스타 근처와 해안가 주변은 고층 빌딩과 아파트, 저택이 많다. 잔지바에도 저층 아파트가 많다. 내가 사는 모로고로 시내는 좀 다르다. 아파트형 집은 없고 대부분이 단층집이다. 1층으로 된 단독 주거형식의 작은 집들이 모여 있다.

　탄자니아 집은 창문이 많고 크기가 크다. 도둑과 말라리아모기도 많은데 왜 창문을 크게 많이 만드는 건지 싶다. 집에 틈이 많고 창문에는 유리가 없어 말라리아모기가 들어 올 수 있는 공간이 많다.

시골 마을에 가보면 흙과 짚으로 만든 집들이 많다. 형편이 나은 집들은 벽돌로 집을 쌓고 지붕도 철 지붕이다. 그래도 예전보다는 흙집에서 벽돌집으로 바뀌고 있다. 그런데 마을을 둘러보면 벽돌로 집을 짓다가 공사가 중단된 집들이 많다. 벽돌과 시멘트, 인부 비용 등 집을 지을 때 많은 돈이 들기 때문에 시골 사람이 집 한 채를 짓는 것이 몇 년이 걸릴지 아무도 모른다. 그리고 마을에서는 친척들끼리 모여 사는 경우가 많다.

공사가 중단된 벽돌집   팡가웨 흙집

02

삐끼삐끼와 달라달라

탄자니아 서민들의 대표적인 교통수단은 달라달라(폐차된 미니버스를 개조
해서 사용)와 삐끼삐끼(오토바이), 그 밖에 바자지(인도의 릭샤와 같은 것)와 택시, 시
외버스도 있다. 달라달라 요금은 보통 400~600실링이다. 자리에 앉으면
좌골뼈가 닿을 정도로 노후된 버스들이라 문도 잘 안 닫히고 굉장히 삐
거덕거린다.

작은 버스 안에 사람들이 미어터질 때까지 손님을 받는다. 달라달라
는 요금을 받는 콘다(직원) 1명이 있다. 콘다가 정거장마다 사람들을 태우
고 요금을 받는다. 옛날 우리나라 버스 안내양 역할과 비슷하다.

달라달라는 대부분 큰 도로에서 타고 내릴 수 있어 골목골목에 있는
집이나 사무실을 찾아갈 때는 삐끼삐끼를 탄다. 사람들이 오토바이를 많
이 이용해서 큰 골목마다 기사들이 대기하고 있다. 기본요금은 1,000실

링. 외국인에게 요금을 기본 3배 이상의 가격으로 부르기 때문에 반드시 삐끼삐끼를 타기 전에 요금을 협상하고 타야 한다. 또한 동일 명칭이 있기도 하고, 몰라도 안다고 하고 가는 경우가 있어서 목적지를 정확하게 설명해야 한다. 그리고 가능하다면 여분의 헬멧이 있거나, 바퀴 상태가 좋은 오토바이를 골라 타는 것이 좋다. 실제로 터진 바퀴로 오토바이를 몰고 가다 사고가 나기도 한다.

비포장도로에 흙먼지가 많은 모로고로에서 삐끼삐끼를 한번 타고나면 머리카락은 뻣뻣해지고 온몸에 흙먼지가 덮인다. 흙먼지 덕에 집안은 물론 옷가지들이 늘 흙색으로 변한다. 그래서 청소도 빨래도 자주 할 수밖에 없다. 나는 이곳에서 태어나서 처음으로 오토바이를 타봤다. 처음에는 겁이 나고 무서웠는데 역시 사람은 적응하기 때문에 나중에는 삐끼삐끼를 타는 것을 즐기게 됐다.

가끔 도로 위에서 한국어가 적힌 티셔츠를 입고 있는 삐끼삐끼 기사를 만날 때가 있다. 처음에는 '이게 웬일이야!'하고 놀랐지만, 모로고로에서 한국 티셔츠를 입고 다니는 현지인을 종종 만나다 보니 나중에는 '오늘도 한국어를 발견했군!'하고 웃게 된다. 옷을 입은 기사에게 이게 한국어라고 말해주면 무슨 뜻인지 물어보기도 하는데 뜻을 이야기해주기 민망할 때도 있다.

삐끼삐끼를 타고 탄자니아의 뜨거운 모래바람을 맞으며 새파란 하늘과 초록의 자연을 배경으로 달리는 이 시간이 어느 날은 꿈같이 느껴진다.

달라달라, 피할 수 없으면 즐겨라

마을에 대기 중인 버스와 오토바이

폴레폴레(Polepole) 라이프

Polepole는 탄자니아의 가장 대표적인 문화다. 어디를 가도 신속한 한국과는 정반대.

Polepole(천천히)는 탄자니아의 가장 대표적인 문화가 아닐까 싶다. 탄자니아 사람들은 모든 생활 패턴과 일 처리가 느리다. 'Haraka haraka haina baraka 빨리 빨리는 축복이 아니다'란 속담까지 있다. 느려도 전혀 문제 될 것이 없다고 생각한다. 한국과 정반대라고 이해하면 된다. 관공서, 은행, 우체국, 회사, A/S, 약속 등 모든 과정이 느리다. 단 한 가지 빠른 것이 있다면 바로 오토바이 속도. 안전을 위해서 좀 느리게 가도 좋을 텐데 너무 빨리 간다. 그래서 항상 폴레폴레하게 안전하게 가자고 당부하며 오토바이를 탄다.

사람들의 걸음이나 행동도 느긋하다. 날씨가 워낙 무덥다 보니 이 또한 절로 이해가 된다. 무언가를 정신없이 처리하려고 하지 않는다. 만나는 사람마다 웃으며 인사하고 서로의 이야기를 나누며 정을 쌓는 문화는 정말 좋은 것 같다.

가장 이해하기 쉬운 예가 음식점. 배가 고파 레스토랑에 가서 주문을 하면 음식이 1시간에서 1시간 반 뒤에 나온다. 음식이 10분이면 나오는 한국에서는 있을 수 없는 일. 처음에는 이곳만 그런가 보다 생각했지만 탄자니아의 모든 음식점이 그렇다. 초반에는 기다리는 게 힘들었는데 적응해가니 문제가 되지 않는다.

나는 팀에서 회계를 맡고 있어 은행에 자주 간다. 은행은 늘 사람들이 줄지어 있는데 역시 일 처리가 느리다. 은행에서 5시간까지 기다려 본 적이 있다. 반드시 그 날 마무리해야 하는 일이어서 다음 기약이 없었던

지라 아침에 방문해서 은행 문을 닫을 때까지 기다렸다. 적응 초반기였으면 기다리는 것을 포기할 수도 있었을 텐데 그때는 이미 폴레폴레 문화와 은행에서의 기다림이 익숙해졌던 터라 5시간을 견디고 기다렸다. 5시간이 지나고 일 처리를 마쳤는데도 짜증도 안 나고 몸도 지치지 않았다. 이 이야기를 들은 선교사님이 나보고 'Mtanzania(탄자니아 사람) 다 됐어.' 하시며 웃음을 보이셨다. 선교사님께 Mtanzania 소리를 들으니 뿌듯했다.

전기 문제나 물 문제로 무언가를 빨리 공사해야 하는 경우, 비자 문제 같은 경우에는 피를 말리며 기다리게 된다. 하루하루가 급한 상황인데 오겠다는 푼디(기술자)는 오지 않는다. 나는 실제로 오랜 시간 전기 푼디와 타네스코(우리나라 한전 같은 곳)를 무기한 기다리며 지냈다. 이 덕분에 탄자니아의 폴레폴레 라이프를 아주 진하게 경험했다. 그러나 이 모든 폴레폴레도 마음을 비우고 적응하면 Hamna shida!(문제없어)

04

문제없어
(Hamna shida)

탄자니아 실생활에서는 Hakuna matata보다 Hamna shida가 많이 쓰인다.

스와힐리어로 많이들 알고 있는 Hakuna matata는 '문제없다'는 뜻이다. 그러나 탄자니아 실생활에서는 Hakuna matata보다 Hamna shida가 많이 쓰인다. 의미는 같다. 현지인들이 많이 쓰는 말이다. 예를 들어 급한 일 처리가 있어 요청하면 함나시다! 그러나 실제 일이 해결되기까지는 긴 시간이 소요된다.

현지인 기준엔 Hamna shida인 부분이 외국인인 단원들에게는 조금 더 무거운 문제가 될 수 있다. 예를 들어 건강, 주거안전, 치안 등에서 말이다. 외국인 특히 동양인은 어디를 가나 연예인과 같은 주목을 받게 되는 장점이자 단점이 있다. 장점이라면 잘 도와주며 친절하다. 단점은 그만큼 어디를 가나 눈에 띄기 때문에 안전을 위해서 항상 주의해야 한다. 그리고 여행객이 비교적 많은 탄자니아에 음중구 베이(외국인 값) 기준이 있어 무엇을 사든 항상 흥정해야 하는 피곤함이 있다.

사무소에서 정해놓은 안전 주거에 대한 지침이 있다. 단원들은 이에 맞게 점검하고 할 수 있는 만큼 보완을 해야 한다. 잠금장치를 보완해야 할 부분이 있어 집 관리자와 이야기를 마쳤지만 실행이 되지 않는다. 이런 부분은 충분한 대화를 통해 집주인이 내 상황을 잘 이해할 수 있도록 노력해야 한다.

폴레폴레, 함나시다 문화에 인내심과 지혜를 가지고 적응해나가야 한다. 사소한 약속, 중요한 약속을 할 때 현지인들은 Hamna shida!라고 말하지만 정작 약속한 시점에 그것들이 잘 지켜지지 않는 일이 많아서

Hamna shida!를 절대적으로 신뢰하진 말고 늘 변수를 생각하고 차분히 행동해야 한다.

05

나는 중국인이 아니에요
(Mimi si mchina)

치나! 칭챙총! 소리가 들리면 당당히 외쳐라. Mimi ni mkorea!

모든 단원이 탄자니아에서 듣는 말, Mchina! China! 실제로 탄자니아에 많은 중국인이 산다. 특히 다레살람이 그렇다. 다르에 새로 짓는 큰 건물들은 거의 다 중국 건축회사에서 지으며 길 포장도 그렇다고 들었다.

탄자니아 사람들이 동양인을 구분하기 어렵기도 하고 그동안 많은 중국인을 보았기 때문에 동양인을 보면 거의 mchina라고 부른다. 이런 소리를 한두 번 들으면 그냥 웃으며 지나가고 말지만 1년 넘게 듣는다고 생각해보자. 조금 걷다 보면 저기 서 있는 삐끼삐끼 기사가 음치나! 조금 더 걷다가 또 음치나! 시내, 버스터미널, 시장에 가면 사방팔방에서 음치나! 치나! 니훙! 칭챙총! 단어가 귀에 쏙쏙 박힌다. 팔을 붙잡고 놀리는 상인들도 있다.

그래서 '나는 중국인이 아니야! 나는 한국인이야'라고 대답해준다. 매번 대답하기 힘들 때도 있지만 그래도 제대로 말해줘야 다음번엔 음꼬레아라고 부르지 않을까. 한 번은 달라달라를 기다리고 있었는데 어떤 청년이 나에게 다가오더니 지폐를 들이밀며 '이게 얼마야?'라고 물었다. 자세히 보니 중국 지폐. 어이없는 상황에 웃음이 나왔다. 나도 모른다고, 'Mimi ni mkorea(나는 한국인이야)'라고 말해주었다.

가끔 단원들끼리 이런 음치나 에피소드에 관해 이야기한다. 탄자니아 사람들도 나라에 대한 자부심이 강해서 인근 나라인 우간다나 소말리아인이라고 되물으면 싫어한단다. 어느 일본 봉사단원들이 음치나 소리를 너무 많이 들어서 단체 티를 맞춰 등에 스와힐리어로 '나는 일본인입니다'라고 글귀를 넣었다는 이야기까지 들었다.

음치나 샤우팅에 너무 신경 쓰지 않는 것이 정신건강에 좋다. 의사 선생님이 한국을 잘 모른다고 그래서 내가 병원에 찾아온 것이 엄청 신기하다고 했다. 중국, 일본, 한국은 같은 언어를 쓰냐고 물어보기도 했다. 대부분 한국 사람들이 아프리카에 대해 잘 모르는 것처럼 이들도 마찬가지다.

어쩌면 관심의 표현이기도 한 것 같다. 탄자니아에 있는 동안 현지인들과 친해지고 싶다면 한국에 대해서 스와힐리어로 잘 알려주는 것이 가장 좋다. 거리에서 '음치나'라고 놀림을 받는다면 스와힐리어로 당당히 외쳐라. 'Mimi ni mkorea!' 그리고 조금 더 현지어로 말을 이어간다면 이들과 친구가 될 수 있을 것이다.

06

이름이 뭐예요?
(Jina lako ni nani?)

탄자니아에서 현지인들의 이름을 물어보면 저절로 스와힐리어 공부가 된다.

탄자니아에서 현지인에게 이름을 물어보면 그 사람의 종교를 파악할 수 있다. 탄자니아에서 이슬람이 가장 큰 종교다. 이곳에 와보니 생각했던 것보다 무슬림이 많고 일상생활에서도 문화가 강하게 드러난다.

현지인들과 지내보니 남녀노소 이름이 대부분 종교적 색깔을 나타낸다. 물론 이슬람 이름을 가진 사람이 교회를 다니기도 한다! 영어 이름을 탄자니아식으로 바꿔 쓰는 젊은이들도 있고 단순한 이름도 종종 있다. 이를테면 화요일에 태어나서 Jumanne(주마은네. 화요일), Simba(사자)라고 이름을 짓기도 한다. 축구를 좋아해 유럽리그에서 뛰는 아프리카 선수들의 이름을 보는 것이 재미있기도 하다.

NINAPENDA TANZANIA

Chapter 3

희로애락,
탄자니아 라이프

01

정전, 또다시 정전

우여곡절 끝 렌트한 집에 짐을 하나하나 정리하는 쏠쏠한 재미를 맛볼 즈음 갑자기 정전이 됐다. 누크(전기충전하는 기계) 충전도 넉넉하게 되어있고 비가 오지도 않았는데 말이다. 심지어 주변 집들이 멀쩡한 걸 보니 우리 집만 문제인 것. 집 관리를 해주고 있는 유스프에게 전화를 걸었다. 유스프가 와서 이것저것 만져보지만, 전기는 여전히 들어오지 않는다. 결국 푼디(기술자)를 불러준단다. 방문한 푼디가 집 천장에 들어가서 작업을 하고 내려오더니 다시 전기가 들어왔다. 큰 문제가 아닌 것 같아 안심했다.

그러나 이 평화도 잠시 일주일 뒤, 또 전기가 나갔다. 이번에도 우리 집만 문제인 상황. 이번에는 푼디도 문제를 해결해주지 못했다. 하지만 유스프는 Hamna shida라며 타네스코를 부르면 문제가 없단다. 그때까지만 해도 타네스코가 뭔지 몰랐고 그들이 오면 금방 고칠 수 있을 줄 알았다. 유스프는 타네스코가 오늘내일이면 와서 고쳐줄 거라고 했다. 그러나 타네스코는 몇 주째 감감무소식.

밤에는 외등은커녕 실내도 칠흑같이 캄캄해 예민해질뿐더러 냉장고 음식, 전기밥솥, 무더위에 그나마 있는 실링 팬마저 사용하지 못했다. 가뜩이나 팀 회계라 노트북과 프린터를 사용해야 일을 하는데 그것도 불가능하니 걱정이 쌓여갔다.

길어지는 정전사태에 안 되겠다 싶어 집주인에게 말했지만, 적극적으로 대처해주지 않았다. 도대체 타네스코가 오긴 오는 것인지 현지인 친구에게 물어보았더니 타네스코는 신청하고도 언제 올지 모르는 곳이란다. 그때야 실감이 났다. This is Tanzania, 폴레폴레, 타네스코는 공기관. 몇 달이 걸릴지, 일 년이 지나도 안 오는 곳이 타네스코란다. 그 말을 들으니 언제까지 타네스코만 기다릴 수는 없겠다 싶어 유스프를 다시 만났다. 그제야 유스프는 푼디를 불러 타네스코가 올 때까지 전기를 사용할 수 있도록 옆집과 전기선을 이어준단다. 왜 진즉 그렇게 해주지 않았을까 생각이 들었지만 그래도 이게 어딘가 싶어 푼디를 불러달라고 했다.

옆집 혜지 언니에게 동의를 구한 후 전기를 연결해 쓸 수 있게 됐다. 임시방편으로 그렇게 생활을 하다가 어느덧 두 달이나 흘렀다. 새벽부터 누가 집 마당 누크 앞에서 쿵쿵거리며 작업을 하는 것이 아닌가. 저들이 바로 타네스코? 이제 드디어 마음 편히 우리 집 전기를 쓸 수 있을까 했는데 바로 해결되는 문제가 아니라며 더 기다려야 한단다. 타네스코도 간단히 해결할 문제가 아니었다.

나는 그 이후로도 옆집과 전기를 총 2번 더 연결했다 끊기를 반복했고 폴레폴레 타네스코는 몇 번을 왔다 갔다 전기대작업을 완성했다. 집이 생기면 활동도 생활도 안전하고 편하게 할 수 있겠거니 했는데 예상치 못한 전기사태로 벌써 2분기나 지나갔다.

물론 이후로도 수도 없는 정전이 찾아왔다. 정전이 되면 이웃집도 정전이 됐는지 항상 체크한다. 동네 또는 모로고로 전체적으로 정전이 될 때가 있는데 이럴 땐 방법이 없다. 시간이 지나면 다시 전체적으로 전기가 들어오기 때문이다. 정전이 되면 무더위에 선풍기도 없는 집에서 찬물도 마시지 못하니 여러모로 힘들다. 프린터와 노트북을 사용할 수 없어 업무도 할 수 없다. 휴대폰 충전도 할 수 없고 해놓은 밥이 없으면 밥도 못 먹는다. 높은 실내온도로 냉장고에 있던 음식도 금방 상해버린다.

탄자니아에서 단수와 정전은 시도 때도 없이 찾아온다. 하루는 단원들과 모여 모처럼 집에서 닭요리를 해 먹고 있는데 정전이 됐다. 다들 정전에 익숙해져 암흑 속에서도 깔깔거리며 아무렇지 않게 식사를 했다. 어느 날은 연속 이틀 내내 길고 긴 정전이 이어졌다. 밤에는 덥고 또 무섭기도 해서 잠을 이루지 못했다. 전기가 나가면 집에서 할 수 있는 일이 많지 않다. 책을 읽다가 기타를 치다가 마당에 나갔다가 옆집에 놀러 갔다가 밥도 나가서 사 먹고 나니 드디어 동네에 전기가 들어왔다. 소리를 지르지 않을 수 없었다. 전기가 이렇게 소중한지 모로고로에 와서 제대로 느낀다.

없으면 없는 대로, 부족하면 부족한 대로 적응하는 것이 마음에 편하다. 그것에 적응하지 못하면 도저히 아프리카에서 살 수 없다.

장티푸스 예방주사는 맞아도
소용이 없다?

탄자니아에서 행복하게 지내기 위해서는 무엇보다 건강이 중요하다.

한국에서 합숙 교육을 하는 동안 예방 접종을 위해 몇 차례 병원에 방문했다. 그때만 해도 장티푸스라는 질병에 대해 심각하게 생각하지 않았다. 예방주사를 맞고 가니 문제 될 것이 없다고 생각했다. 물이 깨끗한 한국에 살면서 장티푸스에 걸려본 적이 없으니 일반 장염이나 배탈 증상과 뭐가 다른지 알지 못했다.

모로고로 언어학교 생활을 시작하면서 장티푸스 증상이 나타났다. 초반에는 더더욱 양치할 때 수돗물로 해선 안 됐는데 그것을 잊었다. 생각해보니 그때부터 장이 좋지 않았다. 며칠간 배가 아프고 설사를 했었는데 단지 물갈이를 하나보다 생각해 대수롭지 않게 넘어갔다. 그리고 한두 달 후, 또다시 설사 증상에 두통, 발열이 왔다. 이미 같은 팀원 중에 장티푸스에 걸린 친구가 있어 병원에 가서 장티푸스 테스트를 받았다. 결과는 장티푸스. 약을 처방받고 잘 먹으면 되겠거니 생각을 했다. 모로고로 시내 병원에 가면 made in India 약들을 처방받게 되는데 풍토병약이 정말 독하다. 약을 먹고 나면 몸이 더 아프고 힘들다. 그래도 어쩌겠나, 장티푸스 또한 말라리아처럼 대충 넘어갔다가는 생명에 지장을 주는 풍토병이라 독한 약이라도 잘 먹을 수밖에.

그 이후로도 같은 증상이 자주 생겨 그럴 때마다 병원에 가서 피검사를 하면 어김없이 장티푸스 판정이 나왔다. 계속 풍토병에 걸리니 면역과 체력도 약해지고 몸이 상한다. 한번은 위가 너무 아파 일주일간 아무것도 먹지 못했다. 물과 주스만으로 버티고 있었는데, 온몸에 열이 오르며 어지러운 증상까지 나타나 몸을 움직이기도 힘들었다. 계속해서 독한 약을 먹어 간에 이상이 생겼을 수도 있다고 해서 다음날 바로 다레살람 병원으로 향했다.

베드에서 혈압 체크를 하고 잠시 후 의사 선생님을 만나 그동안 장티푸스에 수차례 걸렸던 것들을 자세히 이야기하고, 그때마다 무슨 약을 먹었고 이번에는 어떤 증상인지 말했다. 선생님이 모로고로에서 내가 처방받은 약들을 보고는 너무 독한 약들이라고 했다. 일단 지금 당장 기운이 없으니 링거를 맞고 검사를 받기로 했다. 탄자니아에서 아프면 무조건 피검사가 기본이다. 풍토병을 모르고 넘어가면 큰일이 날 수도 있기 때문이다. 아픈 몸으로 병원에서 오래 기다리는 것 자체가 힘들지만 무조건 병원에 가서 피검사를 받아야 한다. 모로고로에서 도대체 몇 번의 피를 뽑았는지 모르겠다. 태어나서 이렇게 피를 많이 뽑은 적이 없었다. 탄자니아에선 인내심이 강하고 엄살 없는 것이 여러모로 도움이 된다. 이곳에서 하루하루를 지내는 것이 좋은데 자꾸만 아프고 몸이 상하니 속상하다.

3일 동안 병원 앞 한국게스트하우스에서 머물며 치료와 진료를 받았다. 이곳에 있다 보니 탄자니아로 출장 오는 한국 분들이 많은 것을 알게 됐다. 첫날 혼자 앉아 죽을 먹고 있는데 남자 두 분이 내 앞쪽에 앉아 식사를 하셨다. 죽을 먹는 것이 안쓰러워 보였는지 왜 이곳에 왔냐고 물어보셨다. 젊은 청년들이 아프리카에 와서 이렇게 고생하며 봉사하는지 출장 오기 전까지 몰랐다고, 꼭 건강하게 잘 있다가 돌아가라며 격려해주셨다. 부모님이 걱정해주시는 말씀 같아 정말 감사했다. 방에 들어갔다 나오시더니 줄 것이 이것밖에 없다며 한국 보리차와 햇반 한 개를 손에 쥐어 주셨다. 생각지도 못했던 잠깐의 만남 속에 위로의 말과 작은 선물이 큰 힘이 되었다.

병원에서 나머지 검사를 하고 의사 선생님을 만나기 위해 홀로 로비에 앉았다. 어제 수액을 놔주던 간호 선생님이 반갑게 인사하며 몸이 괜찮냐고 물었다. 앉아있는데 갑자기 귀여운 꼬마 여자아이가 다가와 내 옆에 앉더니 감자칩을 먹으며 생글생글 웃음을 보인다. 나에게 장난을 치고 싶은 것 같다.

먼저 이름을 물어봤더니 'Katy'라고 말하며 웃는 귀여운 꼬마. 케이티가 먹고 있던 감자 칩을 나에게도 먹으라며 건네준다. 어제는 부모님 같은 한국분, 오늘은 친절한 간호사 선생님과 귀여운 꼬마 케이티까지 힘들 때마다 옆에서 웃음을 주고 힘이 되어주는 사람들을 만날 수 있어 감사하다.

의사 선생님이 오기 직전까지 독한 장티푸스약을 먹고 와서 지금 검사결

병원에서 만난 귀여운 꼬마 Katy

과는 정확하지 않을 수도 있다고 하셨다. 다행히 링거를 맞고 독하지 않은 약을 먹고 잘 쉬니 몸도 회복이 되고 있는 게 느껴진다.

장티푸스에 걸리지 않으려면 기본적으로 평상시에 체력관리를 잘해야 하고 물은 반드시 끓여 먹고 양치도 생수로 해야 한다. 위장이 민감하고 약한 사람들은 현지식은 되도록 조심하고 청결한 음식, 늘 완전히 익은 음식을 먹어야 한다. 그리고 수저는 되도록 공유하지 말고 개인 것을 쓰고 귀찮더라고 소독을 해야 한다. 한국에서 가져오면 도움이 되는 약은 캡슐로 된 유산균과 종합비타민과 비타민C. 아파서 고생하는 것보다 귀찮더라고 이렇게 예방하는 습관을 지켜야 한다.

사무소 효영, 지은 선생님과 안토니, 병원 선생님들, 숙소에서 만난 한국 아저씨, 귀여운 꼬마 친구 케이티까지 아산테!

03

모로고로 맛집을 아시나요?

모로고로에도 나름대로 맛집이 있다. 다레살람에서는 대형 마트, 서
브웨이, KFC, 카페, 한식당에 갈 수 있지만, 모로고로엔 이런 곳이 없다.
그러나 모로고로에도 한 줄기 빛과 쉼 같은 몇 곳의 식당이 있다.

첫 번째는 화덕 피자 맛집 Dragon aires. 잔잔한 올드 팝송이 흘러나
오는 편안한 분위기의 야외 식당이다. 화덕 피자는 종류별로 다 맛있고
스파게티는 미트볼 스파게티가 가장 맛있다. 그리고 오징어 튀김이 맛있
기로 소문이 났는데 아이러니하지만, 주재료인 오징어를 모로고로에선
구하기 어려워 맛보기 어렵다.

드레곤 에어 화덕 피자　　　피자 소스

　이 식당의 별미는 바로 피자 소스. 간 마늘, 간 필리필리, 케첩을 믹스해서 듬뿍 찍어 먹으면 정말 맛있다. 피자의 느끼함을 잡아주는, 개운하면서도 입맛을 당기는, 한국인에게 최적화된 맛이다.

　두 번째는 Ricky's Cafe. 주유소 뒤에 숨어있는 작은 식당 겸 카페다. 샌드위치, 커피, 아이스크림이 있고 모로고로 최고가 밀크셰이크가 있다.

Ricky's Cafe 치킨 칠리 프라이

지쳐서 단것이 먹고 싶을 때 큰맘 먹고 셰이크를 사 먹는다. 이곳에서 가장 좋아하는 음식은 치킨 칠리 프라이. 채소가 많이 들어가 있고 소스가 매콤해서 좋다. 이곳은 모로고로 음식점 중에서 가장 음식이 빠르게 나오는 장점이 있다. 웬만하면 40분 내로 나온다.

　그 밖에 나쉐라 호텔 식당의 햄버거, 피자. 길거리 미시까끼 가게를 종종 간다. 나쉐라 호텔은 뒷마당에 놀이터와 트램펄린이 있어 동심으로 돌아갈 수 있다. 나쉐라는 음식이 기본 1시간 이상 걸린다. 마당에 나가 트램펄린에서 뛰어보길 추천한다.

04

은행 단골손님

회계인 나는 은행에 자주 간다. 모로고로에서는 한국인들이 어디에 살고 무슨 일을 하러 왔는지 알 만한 사람들은 다 안다. 게다가 사업비 금액이 크기 때문에 은행을 다닐 때는 항상 주의해야 한다.

탄자니아 은행은 폴레폴레를 경험할 수 있는 대표적인 장소다. 외국인이라고 빨리 처리해주는 일이 없다. 똑같이 줄을 서야 하고 한없이 기다리기도 한다.

사업비 관리 때문에 은행을 오가며 난감할 때가 종종 있다. 1단위라도 차이가 나면 굉장히 머리가 아프다. 정리부터 보고까지 모든 게 엉키게 되기 때문이다. 그런 점에서 완벽하게 처리가 되지 않아 난감할 때가 있다. 그리고 예를 들어 500만 실링을 찾았는데 2,000실링짜리 화폐를 엄청난 부피로 준다. 당황한 팀장님과 나는 10,000실링짜리가 없으면

5,000실링짜리로 달라고 하지만 캐셔는 그것도 없다고 한다. 그런데 옆 창구를 들여다보면 지폐 뭉치가 있다. 사업 초반에는 10,000실링 지폐로 거래를 했는데 어느 때부터 5,000실링으로 바뀌고 언제부터는 2,000실링으로 준다. 난감하다. 사업 단위가 크고 큰돈으로 거래하는 경우가 많기 때문이다. 예를 들어 50만 실링을 지급해야 하는데 2,000실링 지폐로 주는 것은 주는 사람 받는 사람 서로 불편한 일이 된다. 실제로 상점에서 자재들을 살 때 2,000실링 지폐를 뭉치로 주면 주인이 화를 내며 만 실링짜리로 달라고 한다.

은행에서 2시간 머무는 것은 기본이다. 이것도 가장 단순 업무를 볼 경우다. 계좌 클로징 문제로 오전에 은행을 가서 은행 문이 닫히기 직전까지 있었다. 탄자니아 문화에 완벽 적응해 폴레폴레에 대한 면역력이 생겨났나 보다. 은행에서 5시간을 넘게 일을 봤다. 그래도 일 처리가 잘되어서 다행이다. 선교사님이 이제 Mtanzania(탄자니아인)가 다 된 것이라고 웃으며 이야기해주셨다.

은행을 다니면서 몇 가지 느낀 점이 있다. 은행 덕분에 폴레폴레 면역력이 길러졌다. 초반에는 vip룸에서 일을 보면서 vip룸을 오가는 현지 사람들을 많이 봤다. 그때마다 문득 '저 사람들은 도대체 무슨 일을 하는지, 어떻게 살아왔을까'라는 생각이 들었다. 가끔 출장이나 교육으로 다레살람에 가면 수많은 탄자니아 사람들을 보면서 이런 생각이 들곤 한다.

초반 한두 달 이후로 vip룸을 이용할 수 없게 되어 일반 창구를 이용하면서 보았던 사람들은 대부분 서민이다. 학비를 내러 온 대학생들, 세금을 내러 오는 사람들 등 많은 사람이 날마다 줄지어 서 있다. 언젠가 탄자니아 친구와 이 나라 취업난에 대해 이야기하다 은행 직원들은 대부분 유학파에 집안 배경이 좋다는 걸 알았다. 탄자니아도 마찬가지로 젊은이들의 취업이 힘들다. 명문 4년제를 나오고 유창한 영어 실력을 갖추고 있어도 국내 취업이 어려운 현실.

모든 아이들이 교육을 받고 청년들이 꿈을 펼칠 수 있는 탄자니아가 되기를 소망해본다.

05

모로고로 벼룩시장

모로고로 시내에서 마주친 무지개

탄자니아에서 벼룩시장을 Mitumba(미툼바)라고 부른다. 지역마다 크게 열리는 미툼바가 있고 동네 골목에 규모가 작은 곳도 있다. 한국에서 옷을 몇 벌 가져오지 않아 반소매 티셔츠를 사야겠다 싶어 소연이와 함께 토요일에 열린 모로고로 미툼바를 찾아갔다. 입구부터 많은 종류의 상품이 형형색색 즐비하다. 식기류, 캉가, 신발, 바지, 티셔츠, 블라우스, 점퍼, 가방, 이불, 잡화 등 없는 것이 없다. 미툼바 곳곳에 한국 유치원 가방, 반소매 티셔츠. 한글이 적힌 단체 티셔츠들이 보인다. 심지어 새마을 로고가 박힌 초록색 티셔츠도 봤다. 한국 의류함에 버려진 가방과 의류가 지구 반대편 탄자니아까지 들어오다니!

구경을 하다 티셔츠 몇 장을 골랐다. 2,000실링의 줄무늬 티셔츠를 골랐는데 tag를 보니 Made in Korea. 왠지 모르게 뿌듯하기도 하고 웃기다.

모로고로 미툼바에서는 괜찮은 상품들을 싼 가격에 살 수 있고 음중구 베이(외국인이라고 가격 바가지 쓰는 것) 때문에 흥정하지 않아도 된다. 그리고 무엇보다 이것저것 구경하는 맛이 있다. 필요했던 티셔츠를 싸게 잘 산 것 같아 뿌듯하다. 다음번에는 청바지를 골라봐야겠다.

06

내 이름은 Polo

내 이름은 Polo

나의 탄자니아 이름은 Wema(웨마). 스와힐리어로 선한 사람이라는 뜻으로 탄자니아에서 여자들이 쓰는 이름이다. 한국에서 합숙할 때 통역을 하던 친구 Debora가 이름을 지어줬다. 그런데 모로고로에서 지내며 이름이 하나 더 생겼다. 그 이름은 바로 Polo(폴로). 내가 어쩌다 폴로로 불리게 되었냐 하면 바로 내가 자주 입고 다니는 남색 반소매 티셔츠 중앙에 노랗게 Polo라고 박혀있기 때문이다. 이 폴로 티셔츠에 얽힌 몇 가지 재미난 에피소드가 있다.

집에서부터 시내를 가려면 달라달라나 삐끼삐끼를 타야 하는데 집 앞에서 바로 탈 수 없어 걸어 나가야 한다. 울퉁불퉁 비포장 길을 터벅터벅 걸어가고 있는데 갑자기 동네 마마가 다가와 뜬금없이 '폴로가 뭐야? 너는 폴로니? 이게 무슨 뜻이니?' 물었다. 마마가 진지한 표정으로 폴로를 따져 묻는 상황이 너무나 웃겼다.

폴로 티셔츠를 입고 소코니(재래시장)에 갔다. 사방팔방에서 청년들이 헤이 폴로, 폴로! 폴로! 외친다. 시장에 가면 치나, 칭챙총, 코레아 소리도 듣지만, 폴로 티셔츠를 입고 가는 날이면 사방에서 폴로를 반겨준다.

손님을 기다리는 삐끼삐끼 기사들이 외친다. 폴로! 폴로! 웃음이 절로 난다. 티셔츠 덕분에 탄자니아 이름 하나가 더 생겼다. 이런 사건들 이후로 모로고로 청년 모임에서 폴로 이야기를 했더니 모두 웃음이 터졌다. 그 이후로 언니들 사이에서 나는 Wema가 아닌 Polo가 되었다. 한국에 가면 깨끗한 폴로 티셔츠를 사야겠다며 깔깔 웃었다.

Wema도 Polo도 좋다. 오늘도 이들과 함께 웃을 수 있으니 좋지 아니한가.

07

모로고로 가로수길

몸과 마음을 다스리고자 동네 걷기 운동을 시작했다. 첫날은 멀쩡한 길을 놔두고 길을 뺑뺑 돌아 잘못된 길로 들어섰는데 두 번째부터는 코스를 확실히 익혔다.

지나는 길목에서 꼬꼬댁 닭들과 귀여운 아이들도 만난다. 꽤 큰 성당이 산 아래 깊숙이 자리 잡고 있다. 성당이 걷기 코스의 포인트 지점이다. 성당 입구를 기준으로 아래를 바라보면 아름다운 초록의 모로고로 가로수 길이 쭉 펼쳐진다. 이 길을 따라 걷는 순간이 어찌나 행복한지. 탁 트인 길을 바라보기만 해도 답답했던 속이 뻥 뚫리는 느낌이다. 언덕 위에서부터 쌩하고 지나가는 삐끼삐끼를 보면 같이 타고 내려가고 싶기도 하다.

길을 내려가다 보면 공터에서 농구와 축구를 하는 아이들을 만난다.

이 시간을 통해 마음에 쌓인 묵은 것들을 생각하고 정리한다. 다시 다짐하고, 힘을 내고 감사할 수 있는 나만의 힐링 시간. 땀 흘리며 이렇게 탄자니아의 맑고 푸른 자연을 느낄 수 있어 정말 좋다.

아름다운 모로고로 가로수길

08

오늘은 뭐 먹지?

매일 저녁 시간이 다가오면 오늘은 뭘 챙겨 먹을지 생각한다. 감사하게도 코이카에서 단원들에게 추석과 설날쯤에 고추장, 된장, 라면, 과자 등을 보내준다. 그래서 된장찌개와 고추장찌개가 단골 메뉴.

모로고로에 다른 건 몰라도 감자와 양파는 많다. 구하기 쉬운 밀가루로 만든 수제비도 별식이다. 비빔국수가 너무 먹고 싶은데 소면이 없어 스파게티 면으로 대체해서 가끔 해 먹는다. 모로고로엔 배추도 없다. 그래서 한인들은 양배추로 조금씩 김치를 만들어 먹는다. 처음에는 이게 무슨 맛일까, 김치 맛이 날까 했는데 김치 맛이 난다. 물론 한국에서 만든 김치처럼 감칠맛을 내는 양념들이 없어 깊은 맛을 내진 못 하지만 이 정도면 감지덕지.

스파게티 비빔면

탄자니아에는 음치차라는 연한 채소가 있다. 한국의 시금치와 비슷한 모양이지만 음치차가 훨씬 얇고 부드럽다. 하루는 동희 언니가 음치차를 무쳐서 나눠줬는데 맛이 시금치 무침 같아 놀랐다. 언니에게 물어보니 음치차로 된장국을 끓여도 맛있단다.

탄자니아에서 건강히 생활하기 위해서는 잘 먹어야 한다. 과격하게 표현하면 살기 위해 무조건 잘 먹어야 한다. 살아보니 알겠다. 무더위에 정말 많은 땀을 흘려 체력소모도 크고 체력이 떨어지기 쉽다. 풍토병에 걸리면 면역력과 기력이 떨어져 건강관리를 더 잘해야 한다. 몸이 건강해야 봉사도 할 수 있고 이곳에서의 소중한 시간을 온전히 지킬 수 있다. 살이 쪄도 잘 먹어야 건강하다는 어른들의 말을 탄자니아에서 몸소 느낀다.

저녁 메뉴 – 쌀밥, 양파 장아찌, 양배추김치,
소시지 채소볶음, 선물 받은 귀한 깻잎

09

나의 비타민,
Watoto

아이들은 나의 비타민!

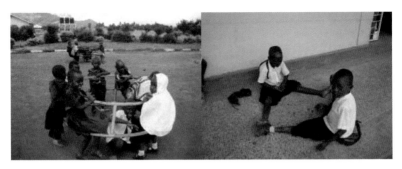

빵빵이를 돌려주면 신나는 아이들　　　　공기놀이하는 여자아이들

　　수업이 없는 날에도 어김없이 학교로 향한다. 학교에 들어서면 놀이
터에서 놀고 있는 아이들을 만난다. 빵빵이를 실컷 돌려주며 한 차례 놀
아주고 유치원 교무실로 향한다. 유치원 교실 옆 교무실에는 유치원 선
생님과 1, 2학년 담당 선생님들이 계신다.

　　Shikamoo(안녕하세요) 인사를 하면 선생님들은 언제나 Karibu, Wema(환영해)
하고 반겨주신다. 선생님들과 이야기를 나누고 나면 바로 유치원 교실로
들어가 수업을 지켜보기도 하고 아이들이 과제를 하는 시간에 돌아다니며
공부를 도와준다. 아이들은 오늘의 문제를 공책에 다 풀고 선생님께 검
사를 받아야 한다. 정답을 맞힌 아이들만 놀이터에 나가 놀 수 있다.

　　무엇보다 노래하며 율동하는 유치원 아이들의 모습이 가장 즐거워
보인다. 선생님과 아이들이 함께 율동과 노래를 하고 선생님이 손 유희
로 아이들을 집중시키는 모습은 한국과 비슷하다. 그리고 한 명씩 앞으

로 나와 대표로 율동을 하고 들어가기도 한다. 쑥스러운 표정으로 앞에 나와 율동을 하지만 무척이나 유연하고 리듬감이 남다르다.

내가 수업을 맡은 1, 2학년 아이들이 가장 말썽꾸러기들이다. 쫑알쫑알 말도 많고 가만히 있지를 못한다. 수업 이외의 시간에 학교에서 마주칠 때면 더 장난이 많다. 보통 여자아이들은 쉬는 시간에 바닥에 모여 앉아 작은 돌로 공기놀이를 한다. 남자아이들은 운동장에서 축구 하는 걸 좋아한다.

3학년으로 올라간 아이들이 보고 싶어 3학년 교실도 자주 들리는데 한 학년 올라간 아이들의 모습은 2학년 때와 다르게 사뭇 진지하다. 밖에서 노는 시간보다 교실에서 자습을 더 많이 한다. 책을 읽고 싶다고 도서

3학년 제자들

관으로 찾아오는 기특한 아이들도 생겼다. 아이들 눈높이에 맞춰 놀아주고 함께 어울리고 뛰어놀 수 있는 이 시간이 나에게는 가장 큰 행복이다.

마을 구석구석을 다니며 아이들과 만나는 시간도 정말 행복하다. 아이가 어디에 살고 있고 어떤 모습으로 지내는지, 아픈 데는 없는지, 밥은 잘 먹고 지내는지를 알 수 있다. 그리고 주일이 되면 팡가웨 교회에 가기 위해 삐끼삐끼를 타고 마을을 지나간다. 평화로운 주일 아침마다 거리에서 마주치는 학교 아이들. 삐끼삐끼를 타고 지나가며 아이들에게 손을 흔들며 인사를 한다. 아이들이 Wema, Korea, Mwalimu(선생님)라고 불러주면 어찌나 반가운지 모른다.

이발 봉사 중인 팀장님

교회에서 다시 만나는 학교 아이들은 더없이 반갑다. 6학년 아이들이 직접 이발 봉사를 돕기도 하고, 찬양하고 드럼도 치는 모습이 대견스럽다. 수업할 때 말을 안 들어 힘들 때도 있지만 나에게 아이들은 언제나 비타민이 되어준다. 아이들과 함께하면 힘이 나고 행복하다. 이곳에서 아이들과 함께 지낼 수 있다는 것에 감사할 뿐이다. 지내는 동안 많이, 더 많이

팡가웨 교회 - 찬양하는 아이들

사랑해주고 싶다. 내가 아이들로 인해 행복한 것처럼 아이들도 나와 함
께 지내는 순간들이 즐겁고 행복했으면 좋겠다.

10

아프지 말자

언제부터 아팠냐고 물어보니 아이가 하는 말, Kila siku(매일). 마음이 아프다.

학교에 갔는데 보이지 않는 아이들이 있다. 아파서 결석하는 아이들이다. 아파서 수업 시간에 엎드려있거나 울고 있는 아이들도 종종 있다. 내 초등학교 시절을 떠올리면 학교에서 아프면 양호실에 가서 약을 먹고 침대에 누워있을 수 있었는데 이 아이들은 아파도 별다른 대책이 없다.

한번은 수업 시간에 누워있는 아이가 있어 담임 선생님께 물어보니 열이 나서 아픈 것이라고 했다. 아이에게 언제부터 아팠냐고 물어보니 아이가 하는 말이 'Kila siku…(매일)' 그 말에 가슴이 쿵 하고 내려앉았다. 아이를 어떻게 도와줘야 할까.

상처 치료가 필요한 아이들을 발견하면 도서관으로 불러 소독솜으로 닦고 연고를 발라 밴드를 붙여주곤 하지만 매일 아프다는 이 아이의 말이 무겁고 아프다. 무엇을 해야 이런 악순환을 끊어낼 수 있을까 다시금 생각하게 된다. 그 이후로 팡가웨 마을 보건소에 가보았다. 감사하게도 팡가웨 마을에는 한국 NGO에서 지어준 보건소가 있다. 마을 보건소는 시내 병원보다 진료비도 저렴하고 어린아이가 있는 가정은 정해진 금액을 지급하면 일 년 동안 가족 전체가 약을 받을 수 있다. 그런데 그 정해진 금액이 형편이 어려운 가정에는 큰돈일 수 있다.

그 이후로도 보건소에 가보았는데 그날따라 보건소가 좀 한적했다. 간호사와 인사를 하고 이런저런 이야기를 나누다 간호사가 한숨을 내쉬며 이야기를 꺼냈다. 지금 보건소에 약이 하나도 없단다. 예를 들어 한 달 치에 해당하는 약품을 보건소에서는 여러 방법으로 받고 있는데, 때마다 제공되는 약의 양이 일정치 않고, 아예 약을 받지 못할 때도 있단다. 그래서 지금은 아픈 아이들이 와도 약을 줄 수 없어 보건소에 아이들이 없는 것이었다. 간호사가 도와달라며 한숨을 뱉었다.

탄자니아에서 가장 많이 걸리는 장티푸스, 말라리아는 때를 놓쳐 약을 먹지 못하면 사망하는 위험한 병이기도 하지만, 제때 약만 먹어도 나을 수 있는 병이다. 이곳 아프리카, 탄자니아 지역개발 현장 활동을 하면서 여러 현실적인 한계와 어려움을 직면하고 있다. 이런 것들을 직접 느끼고 마주할 때마다 마음도 어렵고 생각과 고민이 많아진다. 새로운 문제를 직면한 오늘도 마음이 편치 않다.

나 또한 탄자니아에 와서 장티푸스, 말라리아를 많이 앓았다. 다른 단원들보다 유독 장티푸스, 말라리아에 많이 걸려 때마다 독한 약을 많이 먹었다. 후유증으로 몸은 안 좋아지고 마음도 지쳤다. 이런 시간을 겪으며 깨달은 게 있다.

외국인으로 탄자니아에 머물다 가는 20대 성인인 나도 이렇게 견디기 힘들고 아픈데 어린아이들은 얼마나 견디기 힘들까. 나는 아프면 병원에라도 가고 독한 약이라도 사 먹을 수 있지만, 아이들은 이런 기본적인 것들이 갖춰지지 않은 환경과 현실에 있다. 시골 환경 자체가 질병에 크게 노출되어 있어 면역이 약한 아이들은 풍토병에 걸릴 확률이 더 높다. 이곳에서 몸으로 느껴보고 살아보니 조금이나마 알 것 같다. 오늘도 이곳에 모든 이들이 아프지 않고 건강하길 바라고 기도할 뿐이다.

11

한여름의 크리스마스

모로고로 청춘들과 함께한 성탄절

시내에 나가봐도 성탄 분위기가 나지 않는다. 성탄 음악도 없고 트리도 없다. 좀 더 특별한 크리스마스를 보내면 좋을 것 같아 모로고로 청년들과 함께 이벤트를 계획했다.

스와힐리어로 성탄 찬송을 한 곡 부르고 율동과 함께 한국어 노래를 준비해서 모로고로 한인 선교사님 댁을 깜짝 방문하는 것이 우리의 계획. 이벤트를 위해 며칠 동안 매일 연습을 했다.

위드에서 만든 머핀도 준비하고 나름 빨간색으로 드레스코드도 맞췄다. 새벽 일찍 일어나 이벤트의 첫 스타트를 끊었다. 무반주에 새벽이라 목소리도 잠기고 조금 실수도 있었지만 어설픈 모습에도 좋아해 주시는 선교사님 덕분에 힘을 얻고 다음 집으로 향했다.

선교사님은 청년들이 그냥 놀러 오는 것인 줄 알고 계셨는지 대뜸 대열을 맞춰 노래와 율동하는 모습을 보고 놀라셨다. 공연이 끝나고 선교사님 댁에 들어가 시원한 잭 프룻과 냉커피를 마시며 땀을 식혔다. 얼린 잭 프룻이 이렇게 시원하고 달콤하다니 그냥 먹는 것보다 훨씬 맛있다.

달콤한 잭 프룻으로 체력보충을 하고 세 번째 공연을 이어갔다. 인사를 드리고 마당에 들어서자마자 대뜸 노래를 부르기 시작했다. 선교사님이 웃으며 박수를 쳐주시니 우리도 신났다. 단체 사진을 남기고 마지막 댁으로 갔다. 때마침 현지인 친구들도 집에 모여 있어 관객이 많았다. 흥이 오른 현지인 친구가 답례도 부르고 춤까지 췄다. 역시 탄자니아 친구들의 흥은 최고다.

선교사님께서 이렇게 와주어서 고맙다며 눈물을 보이셨다. 오랜 세월 탄자니아에서 가족들과 떨어져 지내시는 선교사님께는 큰 이벤트가 되었나 보다. 선교사님이 울컥하시니 덩달아 마음이 뭉클해진다.

모두가 즐거웠던 모로고로 청춘의 성탄 이벤트는 대성공! 뜨겁디뜨거운 한여름의 크리스마스 이벤트로 또 하나의 잊지 못할 추억이 새겨졌다. Merry Christmas!

12

Made in Morogoro
피자 빵

모로고로에서는 가끔씩 맛있는 빵을 먹을 수 있다. 바로 한국 식품영양 전문 NGO인 위드 탄자니아 지부가 모로고로에 있기 때문이다. 위드는 모로고로 카상가 초등학교에서 급식뿐만 아니라 모로고로 베타 다카와 직업교육학교와 MOU를 맺어 제빵 전문인력 양성의 일환으로 VETA 제과제빵 아카데미를 운영하고 있다.

위드에 가면 희진, 동희, 진영 언니가 언제나 Karibu를 외치며 반겨준다. 사무실에서 맛있는 빵 냄새가 풍긴다. 스텝들이 직접 베이킹을 하고 있을 때가 많아서 함께 베이킹을 해보기도 한다.

빵집에서 아르바이트했던 적이 있지만 이렇게 가까이에서 빵이 만들어지는 것을 보니 흥미롭다. 덕분에 한국에서 파는 모카 빵, 피자 빵도 만들어 보았다. 탄자니아에 와서 한국식 모카 빵과 피자 빵을 먹어볼 수 있다니 빵이 이렇게 맛있는 줄 몰랐다.

무더운 날씨에 에어컨도 없이 더위와 싸워가며 제빵을 하는 것이 생각보다 체력적으로 힘들겠다는 생각이 든다. 그래도 언제나 즐겁게 베이킹하는 언니들과 스텝들을 보면 덩달아 에너지를 얻는다.

위드 덕분에 탄자니아에서 베이킹도 해보고 급식사업과 베타 아카데미를 어떻게 운영하는지도 알게 되었다. 실제로 베타 아카데미를 통해 많은 수료생이 나오고 청년이 한국 연수도 다녀오고, 전문가가 되어 자립하고 있다.

모로고로에서 점점 베이킹을 하는 현지인이 늘어나고 있다. 베타 베이킹 아카데미를 통해 앞으로도 모로고로 청년들이 제빵 기술을 배우고 취업할 수 있는 길이 활짝 열렸으면 좋겠다. 언제나 밝은 미소로 카리부를 외치는 위드가 있어 얼마나 든든한지 모른다.

이사한 위드 사무실
페인팅 봉사

chapter 3
희로애락, 탄자니아 라이프

13

5만 실링, 나의 기타

한국에서 통기타를 가지고 오고 싶었지만, 현실적으로 탄자니아까지 기타를 가지고 올 수 없었다. 모로고로에서 지내면서 기타 구매 욕구가 점점 더 커진다. 이곳에선 시간적 여유가 생겨도 취미생활을 하기 제한적이고 할 수 있는 것이 많지 않다.

모로고로 시내를 다녀 봐도 악기를 파는 곳은 없다. 그렇게 몇 개월이 지나고 입소문을 타고 팡가웨 건너편 마을에 한국 DC 마트 같은 곳이 있다고 해서 팀원들과 찾아갔다. 심지어 전자제품도 보인다. 마을 가까이 이런 곳이 있었다니. 생필품도 시내보다 저렴한 가격이다. 이것저것 구경하며 전자제품코너를 도는 순간, 이게 웬걸! 내가 그렇게도 찾고 찾던 기타가 보인다. 크기가 작긴 한데 '설마 장난감인가? 아닐 거야' 간절한 마음으로 기타 줄을 튕겨보았다. '맞다. 진짜 기타!' 나름 여분의 기타 줄과 피크까지 세트에 가격은 50,000TSH. 오만 실링짜리 기타가 생겼다. 드디어 기타를 칠 수 있다니. 앞으로 아이들과 음악 수업 시간에 기타를 활용해도 정말 좋을 것 같다.

집에 가자마자 박스를 뜯어 튜닝을 하고 드디어 기타를 연주하는 그 순간, 기타 줄 하나가 뚝 끊어졌다. 기쁜 나머지 너무 흥분한 걸까. 이럴 줄 알고 여분의 기타 줄이 있었나 보다. 조심히 기타 줄을 갈아 끼웠다. 앞으로 기타를 치려면 너무 feel을 받아선 안 될 것 같다. 부디 나와 함께 남은 시간 잘 버텨주길. 소중한 나의 기타여.

드디어 기타가 생겼다.
기쁘고 기쁜 날

14

퍼지고, 뚫리고, 빠지고

울퉁불퉁한 비포장 길 덕에 하루가 멀다고 사업 차량 바퀴가 터진다.

애물단지 스타렉스 차량이 있다. 프로젝트를 시골에서 진행하는 데 있어 차량이 없으면 아무것도 할 수가 없다. 선배 단원에게 이곳에서 한국 차를 관리하기 어렵다고 듣긴 했지만 이렇게 손이 많이 갈 줄 몰랐다.

모로고로는 비포장이다. 마을이 평지가 아니고 길도 고르지 않아 부락마다 가는 길이 험해 차량이 올라가지도 못한다. 울퉁불퉁한 길 위에 숨겨진 돌이나 못 같은 뾰족한 것들을 밟고 지나가니 타이어는 하루를 마다하지 않고 펑크가 날 정도다. 이런 길 위를 매일 자동차와 삐끼삐끼를 타고 다니니 엉덩이 팡팡은 기본이다. 뭘 먹자마자 소화가 다 되는 느낌이랄까.

작은 펑크는 가까운 곳에서 푼디(기술자)가 때울 수 있지만 계속 반복되거나 한 번 크게 터지면 골치가 아프다. 마을을 오고 가다 펑크가 나서 차를 멈추고 뙤약볕에서 타이어를 교체한 적도 여러 번. 여분 바퀴마저도 펑크가 나서 차를 질질 끌며 시내까지 가야 하는 상황도 일어난다.

한쪽 문은 이미 고장 난 지 오래전인데 문고리 부품을 탄자니아에서 구할 수가 없다. 한국에서 가져와야 하는데 신청을 해도 폴레폴레 때문에 언제 올지도 모르고 값이 터무니없이 비싸 살 수도 없다. 나머지 한쪽 문짝마저 아프리카 모래 먼지 때문에 빽빽해져 온 힘을 다해야 하고 때때론 밖에서 문을 열어줘야만 내릴 수 있다.

스타렉스를 수년간 다룬 빅터가 있어 참 다행이다. 바퀴가 터져도 당황하지 않고 능숙하게 대처할 줄 안다. 나는 차에 대해 알지도 못하는데 이 차량 때문에 빅터와 같이 시내 카센터를 다닌다. 차량관리비도 회계인 내가 관리하기 때문이다. 바퀴를 사러 가고, 차량 관리 제품들도 사러 가고, 점검하는 일이 쉽지 않다. 한번 정비소에 가면 2시간 기다리는 건 기본. 그 사이에 무슬림 기도 시간이 걸리면 대기시간이 더 길어진다. 땡볕에서 무기한 기다리는 일이 쉽지가 않다.

이 차는 기름도 많이 먹는다. 미리미리 기름을 넣긴 하는데, 왜 이렇게 빨리 떨어지는지. 어느 날은 온 시내와 동네 주유소를 다녀도 기름이 없다. 이곳에선 전기도, 물도, 기름도 귀하다.

차가 하도 말썽이다 보니 빅터가 차에 문제가 생겼다고 말문을 열 때마다 마음이 철렁한다. 비가 내리면 상황은 더 안 좋아지고 위험하다. 우기 때는 더 조심히 운전해야 한다. 주 회관을 무사히 오르고 다시 내려오는데 차가 움직이지 않는다. 윙윙 소리만 나고 미동도 안 한다. 바퀴가 아주 단단히 빠졌다. 빅터와 팀장님이 이것저것 해보지만 소용없다. 회관 주변에서 이 광경을 안타깝게 지켜보던 청년들이 하나둘 모이더니 힘을 합쳐 차를 밀기 시작한다. 드디

우리와 함께하는 베스트 드라이버 Victor

어 바퀴가 움직인다. 새마을 정신으로 해냈다.

온갖 자재들을 싣고 덜컹덜컹 달리다 보니 차 내부도 연식보다 훨씬 낡았다. 애물단지 스타렉스도 팡가웨 마을을 위해 열심히 뛰고 있다. 당황스러운 일에도 동요치 않는 성실한 빅터를 만나게 된 것 또한 감사하다. 스타렉스, 끝까지 잘 부탁해!

15

다르에스살람 출장

혼자 다레살람 출장을 와 낯선 곳들을 찾아다닌 오늘 하루를 잊지 못할 것 같다.

나는 항상 아이들과 어떤 수업을 하면 좋을지 고민한다. 새롭고 다양한 수업을 하고 싶지만 이곳에서는 시내에 나가도 원하는 학습 자료나 도서를 구하기 어렵다.

한 학급당 학생 수가 70명이 넘다 보니 한 번 수업하고 나면 수업 재료가 동이 난다. 그래서 선배 단원이 알려준 다레살람 포스타 근처 서점과 문구점에 가보기로 마음을 먹었다. 일단 이름과 주소를 받아놓긴 했는데 혼자서 잘 찾아갈 수 있을까. 다레살람은 복잡하고 소매치기 사고가 빈번해 이동할 때마다 주의해야 한다. 한국에서처럼 백팩에 휴대폰이나 지갑을 넣고 다니거나 길에서 손바닥에 휴대폰을 놓고 지도를 찾아보는 것은 위험한 행동이 된다.

구글맵으로 미리 동선을 확인해놓고 아침 일찍 모로고로 터미널에서 버스를 타고 다레살람으로 출발했다. 다레살람 터미널까지 막히지 않으면 4시간 30분 정도가 소요된다. 무더위 속에 선풍기도 없는 비좁은 버스를 타고 4시간 넘게 이동하는 일이 고단하다.

드디어 우붕고 터미널에 도착했다. 다레살람에서 가장 복잡하고 정신없는 곳이다. 차에서 내리기 전부터 문에 달라붙은 사람들이 내리는 사람의 옷과 가방, 팔뚝을 붙잡고 소리를 지른다. 대부분 택시, 삐끼삐끼를 타라고 호객행위 하는 사람들이다. 이때 특히 소지품을 잘 챙기고 주의해야 한다.

출구로 나가 근처 달라달라 정거장을 찾았다. 다레살람 달라달라는 모로고로보다 크기가 조금 더 크다. 콘다에게 방향을 확인하고 버스에 몸을 실었다. 다행히 Posta 정류장에 잘 도착했다. Posta 근처에 오늘 가야 할 서점이 있다. 장시간 이동에 배고픔과 갈증이 동시에 몰려오니 일단 밥부터 먹고 움직여야겠다. 목표는 KFC. 이 근처가 분명한데 일단 쭉쭉 걸어보자. 애비뉴 스트리트까진 잘 온 것 같은데 여기서 정확히 어느 방향인지 모르겠다. 사람들에게 물어보길 반복하니 드디어 영국 대사관 너머 KFC 매장이 보인다. 탄자니아에서 KFC를 먹을 수 있다니 감격스러운 순간이다. 때마침 점심시간이라 매장에 사람들이 북적인다. 징거버거 세트를 시켰는데 한국에서 먹었던 햄버거보다 훨씬 꿀맛이다.

식사를 빨리 마치고 KFC 직원에게 서점 위치를 물어보고 가게를 나왔다. 다른 서점 몇 곳을 찾았는데 이곳들은 내가 찾는 서점이 아니다. 주변을 방황하다 길거리 아저씨들의 도움으로 드디어 서점을 찾았다. 규모가 그렇게 크진 않지만, 확실히 다른 서점보다 괜찮은 책들이 많다. 먼저

다레살람 TPH 서점

동화책 코너를 한번 돌고, 교과서 쪽도 돌아보며 수업에 필요한 교재들을 골랐다.

　책을 구매하고 다시 포스타 정거장으로 걸어가 달라달라를 탔다. 오후라 그런지 도로에 차가 꽉 막혔다. 사무소에 들러 회계업무를 봐야 해서 빨리 가야 하는데 점점 마음이 급해진다. 안 되겠다 싶어 중간에 내려 삐끼삐끼를 타고 사무소에 도착했다.

　각 팀에서 회계를 담당하고 있는 단원들은 사무소에 와서 회계업무를 해야 할 때가 종종 있다. 그래서 업무 출장차 다레살람에 올 때 사무소에 들르거나 아예 회계 출장을 내고 와야 한다. 나는 출장 온 김에 일을 보기로 해서 오늘 사무소에 들렀다.

　회계 일을 마치고 효영 선생님과 함께 식당으로 갔다. 메뉴에 한국식 냉면이 있다니 모로고로에선 꿈만 같은 일이다. 내리쬐는 찜통더위에 얼마나 냉면이 먹고 싶었는지 고민할 것 없이 물냉면을 시켰다. 정말 한국에서 먹던 새콤달콤 시원한 냉면 맛이다. 보약을 먹은 것처럼 힘이 난다. 후식으로 맛있는 커피를 마시며 선생님과 이런저런 이야기를 나눌 수 있어 좋았다. 선생님이 다른 동네 문구점 위치와 영업시간도 알려주시고 숙소까지 차로 데려다주셔서 안전히 하루 일과를 마쳤다.

　혼자 다레살람 출장을 와 낯선 길을 찾아다닌 오늘 하루를 잊지 못할 것 같다. 힘들기도 했지만 혼자 유럽여행을 했던 기억도 떠오르고 오랜만에 이런 기분을 다시 느껴보니 좋았다. 다음에는 혼자와도 덜 헤맬 것 같다.

16

말라리아×3

나는 한국에서도 유독 모기에 잘 물렸다. 가족들이랑 있어도 항상 나만 물리고 단체로 합숙을 할 때도 마찬가지. 한국에선 모기에 물리면 그저 살이 간지럽고 모깃소리 때문에 잠을 못 이루는 정도지만 탄자니아 모기는 매우 위험하다. 그래서 항상 모기에 물리지 않도록 신경을 써야한다. 저녁이 되면 거실과 방 쪽에 모기 스프레이를 뿌린다. 외출 전엔 항상 모기 기피제를 몸에 바르고 저녁에 외출할 일이 생기면 가방에 가지고 다닌다. 잘 때는 모기장을 잘 치고 자야 한다.

임기 초반부터 장티푸스에 시달려서 피를 자주 뽑았다. 기본적으로 몸이 좋지 않으면 장티푸스와 말라리아를 같이 검사한다. 그동안 장티푸스는 걸렸어도 말라리아는 걸리지 않았는데 12월 아루샤에서 모기에 많이 물리고 와서 그런지 몸이 좋지 않았다. 두통, 근육통, 설사까지 증상이

점점 더 심해져 병원에 가서 피검사를
받았다.

결과는 말라리아. 믿을 수 없어 의
사에게 다시 물었지만 말라리아란다.
장티푸스도 여전히 수치가 나왔다. 걱
정이 밀려왔다. 말라리아약은 엄청 독

병원에서 받은 말라리아, 장티푸스약

해서 먹으면 많이 힘들기 때문이다. 탄자니아에선 일반 항생제도 독한데
그것보다 더한 말라리아약을 먹어야 한다니 먹기가 싫다. 그렇지만 말라
리아는 약을 안 먹고 버티다간 큰일이 나기 때문에 무조건 초기에 약을
먹고 쉬어야 한다. 3일 치 약을 처방받고 사무소에 보고했다.

걱정된 맘으로 말라리아약을 먹었다. 시간이 지날수록 독한 약 기운
이 온몸으로 퍼지는 느낌. 토할 것 같고 속이 너무 메스꺼워 누워있기 힘
들어 침대에 무릎을 꿇고 엎드려있었다. 다음 날은 증상이 좀 나아질까
했는데 마찬가지다. 말라리아약 듣던 대로 정말 독하다. 다시는 먹기 싫
은 약이다. 3일 치 약을 다 먹고 다시 말라리아 검사를 했는데 다행히 균
이 사라졌다. 다시는 말라리아에 걸리지 말자고 다짐했다.

4월 탄자니아 공휴일이 지나고 몸 상태가 좋지 않아 학교에서 Rose
선생님과 이런저런 이야기를 하다 선생님이 이번에는 다른 병원에 가보
라고 추천을 해줬다. 모로고로에 단원들이 갈 수 있는 병원이라곤 아가
칸 병원뿐인 줄 알았는데 선생님이 다니는 다른 병원도 괜찮다며 가보라

고 했다. 아가칸에서는 의사 진료를 보려면 1시간은 기본, 2시간씩 기다려야 하는데 이곳은 사람이 많지 않아 좋다.

접수를 하고 바로 진료실에 들어갔다. 케냐에서 온 의사 선생님인데 젊어 보인다. 아가칸과는 달리 컴퓨터로 작업을 하는 것이 신기했다. 병원 메인 닥터가 따로 있는데 그분이 중국으로 세미나를 간 적이 있다고 한다.

증상에 대해 설명하고 그동안 이곳에서 아팠던 히스토리를 말했다. 혈압도 측정하고 이것저것 묻고 답한 후, 장티푸스, 말라리아 검사 그리고 종합혈액검사도 해야 한대서 피를 뽑고 결과를 기다렸다. 결과는 장티푸스와 말라리아 게다가 염증 수치가 있다고 나왔다. 또 말라리아라니! 듣자마자 머리가 아프다. 선생님께 저번 말라리아약 때문에 많이 힘들었다고 말하니 말라리아약은 독해서 먹기 전에 밥을 많이 먹고 평소보다 물도 많이 마셔야 한단다. 그래도 새로운 의사 선생님이 친절하게 주의사항들을 일러주고 무엇보다 빠르게 진료가 끝나니 병원을 옮기길 잘한 것 같다.

어김없이 말라리아약은 독했다. 기력도 빠지고 어지럽고 속도 메스껍다. 약을 먹으면서도 이렇게 독한 약을 계속 먹는데 과연 내 몸이 괜찮을지 걱정이 됐지만 당장 별 방법이 없다.

그러고 한 달이 지났을까, 다시 몸이 말썽이다. 설사, 두통, 열, 눈까지 아프다. 며칠을 참다 결국 병원에 다시 갔다. 메인 닥터와 상담을 하고 피검사를 했는데 또 말라리아다. 선생님이 심각한 표정으로 몸 상태가 너무 좋지 않다고 한다. 이렇게 빨리 다시 말라리아가 재발한 것은 위험한 상태라고 약을 먹으며 일주일간 매일 주사 치료를 받아야 한단다.

몸 상태가 정말 좋지 않은 것 같다. 말라리아도 주사 치료가 있는지 몰랐다. 계속해서 항생제와 독한 약을 먹었으니 면역도 바닥나고, 몸이 완전 상한 것 같다. 아플 때마다 '아프지 말고 잘 버티자, 잘 버티다 돌아가자' 다짐했는데 자꾸만 몸이 안 좋아지니 속상하다. 탄자니아에서 활동할 수 있어 행복한데 건강이 무너지니 모든 것을 제대로 할 수 없어 마음이 아프다. 이 고비를 부디 잘 넘겨 다시 웃는 모습으로 마지막 날까지 이들과 함께할 수 있기를 기도할 뿐이다.

Chapter 4

인연,
그리고 마음

Africa

Tanzania

01

내 사랑 아부,
무디와의 첫 만남

귀여운 마을 꼬마들이 사무실 단골손님이다.

팡가웨 마을 안에 단원들이 쓰는 사무실이 있다. 어두컴컴하고 먼지 많은 창고 공간이지만 4년 동안 단원들이 지낸 곳이다. 사무실에 있다 보면 참 많은 Wageni(손님들)가 찾아온다. 마마들, 장사꾼, 뜬금없이 한국 지폐를 가져온 사람, 귀여운 마을 꼬마들까지.

앞에 사는 꼬마들이 매일같이 사무실로 출근한다. 아이들을 처음 만났을 때부터 유독 눈에 띄는 아이가 있다. 이름은 아부. 크고 빛나는 눈동자에 수줍은 미소가 어찌나 사랑스러운지 아부에게 왠지 모르게 더 정이 간다. 매일 같이 맨발로 사무실을 찾아와 나를 보고 미소 짓는 아부. 아부의 순수한 미소 한 방이면 하루 비타민이 충전된다. 정말로 아이들의 미소에 없던 힘이 생겨난다.

사무실에 혼자 남아있는데 오늘도 아부가 어김없이 사무실 주변을 서성인다. 작정하고 더 친해지고 싶어 아부에게 다가갔다. 때가 타고 구멍이 난 분홍색 티셔츠에 맨발인 아부. 마을 아이들은 신발이 있어도 학교에 갈 때를 제외하곤 신발을 잘 신고 다니지 않는다. 신발을 아껴서 오래 신어야 하므로 학교에 갈 때만 신발을 신고 하고 후에는 거의 맨발로 생활한다. 시골에서도 학교에 가기 위해선 무조건 교복과 신발을 갖춰야 한다. 맨발로 다니는 아이들이 다칠까 늘 신경 쓰인다.

아부가 그렁그렁 콧물이 맺혀 연신 훌쩍거린다. 휴지도 물도 없을 텐데… 사무실에 있던 휴지를 가져와 킁킁 소리를 내며 아부의 코를 닦아주었다.

하루는 아부네 집에 놀러 갔다. 쑥스러운 듯 미소를 보이며 나오는 아부. 사실 아부의 얼굴을 그린 그림을 주려고 간 것이다. 어머니와 할머니도 그림을 보더니 깔깔 웃으며 아부를 쳐다본다. 아부는 위에 형과 아래 여동생이 있다. 형은 학교에 갔고 보통 아부는 집에 있거나 동네 친구들과 어울리며 시간을 보낸다.

아부와 친해진 날   아부와 동생

마을 아이들은 동네를 돌아다니며 장난감이 될 만한 것을 찾아다닌다. 페트병이나 나뭇가지, 뚜껑이 놀잇감인데 한번은 아부가 유리 조각 같은 위험한 것을 가지고 있어 깜짝 놀랐다. 맨발로 다니는 아이들에겐 더 위험하다. 아부는 다른 또래 꼬마 아이들보다 키도 크고 유치원에 갈 만한데 그렇지 않아 마음이 쓰인다. 나는 팡가웨 초등학교에서 1, 2학년 방과 후 수업을 하고 매일 유치원 교실에서 아이들과 시간을 보낸다. 아부도 또래 친구들처럼 학교에서 공부하고 친구들과 어울릴 수 있었으면 좋겠다.

시끌벅적 팡가웨 초등학교의 새 학기가 시작되었다. 오늘도 즐거운 마음으로 어김없이 유치원 교실로 향한다. 그런데 이럴 수가! 아부가 교실 책상에 앉아있다. 아부의 표정을 보니 조금 얼어 있는 것 같지만 뿌듯하고 기분이 좋다. 선생님께 물어보니 오늘부터 아부도 유치원에서 공부하게 되었다고 한다. 아부가 앞으로 유치원 생활을 통해 공부도 열심히 하고 새로운 것들을 경험했으면 좋겠다. 바라던 것이 이루어진 감사한 하루다.

길에서 만난 유치원 아이들

마을 구석구석을 다니다 보면 많은 주민과 마주친다. 학교에서 일과를 마치고 사무실로 돌아가는 길에 마침 하교하는 유치원 아이들 무리와 만났다. 아이들과 친해지고 싶어 다가가 말도 걸고 장난도 치고 사진도 찍어주었다. 깔깔대며 좋아하는 아이들의 모습을 보니 나도 신이 난다. 아이 중에 유독 눈웃음이 귀여운 무디도 이날 만났다. 무디와의 첫 만남이었다.

미소천사 무디와

어느 날 마을에서 가보지 못한 곳들을 찾아가 보고 싶어 무작정 걸어가던 길에 집 마당에서 머리카락을 땋고 있는 마마들과 꼬마들을 만났다. 반가운 마음에 가까이 다가가 보니 저번에 만난 아이 무디가 아닌가. 어찌나 반갑고 신기한지. 기쁜 마음에 무디와 마마들에게 이야기를 건넸다. 무디도 반가운지 미소를 보인다. 무디네 집도 구경하고 마당에 앉아 이야기를 나눴다. 알고 보니 무디 엄마는 나보다 한 살 어리다. 무디는 중학생 형과 어린 여동생이 있다. 어쨌든 이제 무디네 집을 알았으니 자주 와서 놀아줘야겠다.

마을을 순회하다 만난 무디 가족과 함께

02

Rose 선생님 집에
놀러 가다

탄자니아의 부모님 같은 선생님 부부

Rose 선생님은 팡가웨 초등학교 교사다. 선생님은 나에게 탄자니아의 언니, 엄마와도 같은 존재다. 선생님의 남편인 Nicolas 선생님도 팡가웨 초등학교에서 근무하며 학교에서 중심부 역할을 하고 있다.

꼭 한 번 선생님 집에 가보고 싶었는데 마침 토요일 점심에 초대를 받았다. 드래곤 에어에 들러 피자를 포장해서 선생님 집으로 갔다. 막내 아기 코헨을 만났다. 코헨의 크고 동그란 두 눈이 선생님과 똑 닮았다.

방에 작은 텔레비전이 있다. 정말 오랜만에 텔레비전을 봐서 그런지 반갑기도 하고 낯설기도 하다. 텔레비전 이야기를 하자 선생님이 채널을 돌리더니 곧 한국어가 들려온다. 한국 드라마 겨울연가가 탄자니아에서 방영되고 있다니. 선생님은 한국에 관심이 많다. 언젠가 한국에서 교육학 석사를 하고 싶은 꿈도 있다. 선생님은 한국에 가보고 싶어 하고 나는 탄자니아에서 살고 싶어 한다. 선생님과 한국과 탄자니아에 관해 이야기를 나누는 시간은 언제나 즐겁다.

선생님이 나를 위해 특별식을 준비해주셨다. 애피타이저로 아보카도와 망고가 섞인 생과일주스를 마시고 고기가 들어간 필라우와 채소볶음까지 푸짐하게 먹었다. 내가 잘 먹을 수 있는 현지식으로 준비해준 정성에 감사했다. 맛있는 식사를 마치고 선생님이 어린 시절부터 결혼사진까지 담겨 있는 앨범을 보여주셨다. KOICA 선배 단원들과 찍은 사진이 보인다. 나도 집에서 챙겨온 폴라로이드 카메라로 선생님과의 추억을 담아 사진첩에 잘 넣어두었다.

탄자니아에서 만난 좋은 친구이자 가족 같은 선생님에게 진심으로 감사하다. 다음번엔 우리 집에 선생님을 초대해야겠다.

03

Benard 선생님의
오토바이 사고

사무실에 앉아있는데 빅터가 황급히 다가와 말을 건넨다. 출근길에 팡가웨 초등학교 선생님이 오토바이 사고가 나서 다리가 절단되고 뒤에 탔던 부인은 사망했다는 소식. 순간 가슴이 철렁 내려앉았다. '다리가 절단되었고, 부인이 죽었다고…' 믿을 수 없어 빅터에게 어디서 이야기를 들었냐고 물었다. 마을 트랙터 차고에서 사람들에게 들었다고 했다. 학교에서 오토바이를 타고 출근하는 선생님은 한 명밖에 없다. 당장 학교로 달려갔다.

학교 마당에 학생들이 꽉 찼다. 한국 학교에서 운동장에 모여 조회를 하는 날이 있는 것처럼 탄자니아 학교도 Ceremony가 있거나 급한 일로 학교 전체가 조기 하교를 해야 할 때 학생들을 마당에 불러 모은다. 얼마전에도 3학년 학생이 장티푸스로 병을 앓다 세상을 떠나게 되어 이런 적이 있었다. 예감이 좋지 않다.

제1 교무실로 들어가 선생님들에게 어떻게 된 일이냐고 물어보았다. 빅터가 말한 것이 전부 사실이란다. Benard 선생님이 부인과 오토바이로 출근하다 팡가웨 마을 입구 쪽에서 큰 차에 치였다고 한다. 선생님 부인도 건너편 마을 교사라 같이 오토바이를 타고 출근한 것. 거의 다 와서 난 사고라니 더 안타까울 뿐이다. 남겨진 자녀들은 어찌하고 다친 선생님은 정말 다리를 잃은 건지. 믿고 싶지 않다.

항상 학교에 들어가면 교무실 앞에 오토바이가 보인다. 평소에도 선생님은 오토바이를 타고 꽤 먼 곳에서 출퇴근하고 다녔다. 선생님은 내가 팡가웨 초등학교에 처음 갔을 때 가장 먼저 나를 반겨주시고 언제나 대화를 걸어주며 환영해주신 분.

Swai 교장 선생님은 지금 당장 병원으로 가야 하는 긴급 상황이라 조기 하교가 결정되었다고 아이들에게 소식을 전했다. 사무실에서 가방만 가지고 바로 오겠다고 잠깐만 기다려달라고 말했다. 다시 사무실로 달려가 팀장님께 상황을 말씀드리고 학교로 돌아갔다. 교장 선생님 차가 미니 트럭이라 선생님들과 함께 트럭 짐칸 위에 몸을 구겨 넣었다. 팡가웨를 지나 비그와 마을에 들어서는데 하필 또 경찰을 만났다. 차를 멈추고 선생님이 사정을 설명하자 경찰이 딱한 사정이라며 그냥 보내주었다.

병원 후문 쪽으로 차를 주차하고 남자 선생님들이 경찰들과 함께 어딘가로 들어갔다. 저기가 어디냐고 물어보니 영안실이란다. 주위를 둘러보니 나무로 관을 짜는 가게들이 나란히 보인다. 돌아온 선생님들이 지금 베나드 선생님을 보고 싶어도 만날 수 없는 상황이라고 말했다. 일단 선생님들과 병원 정문 쪽으로 걸어갔다. 2m가 넘어 보이는 병원 출입문이 굳게 닫혀있고 입구 주변에는 아픈 아이를 안고 기다리는 엄마들로 북적인다. 모두가 한마음으로 병원 문이 열리기만을 간절히 기다리고 있다.

초조한 마음으로 문 앞에서 한 시간을 넘게 기다린 끝에 드디어 병원 문이 열렸다. 흩어져있던 사람들이 순식간에 몰려들었다. 모로고로 유일의 종합병원이라 규모가 꽤 크다. 길을 따라 들어가 잠시 발을 멈추었다. 멈춰선 응급실 안에 선생님이 있나 보다. 잠시 후, 간호사의 안내로 선생님들과 함께 병실로 들어갔다.

선생님이 침대에 누워 눈을 감고 있다. 두 눈은 퉁퉁 부었고 얼굴과 팔 곳곳에 상처들이 보인다. 하체는 이불로 덮여있었다. 몇몇 선생님들은 눈물을 흘리며 흐느꼈다. 나도 마음을 추스르고 선생님을 위해 기도했다. 면회가 끝나고 병실에 계속 있을 수 없어 잔디밭으로 나왔다. 지금 선생님이 당장 절단된 부분을 수술받으려면 다레살람 큰 병원으로 가야 하는데 내부 출혈이 너무 심한 상태라 다레살람으로 이송할 수 없고 출혈이 멈추지 않으면 위험한 상황이 될 거라고 한다.

선생님들과 음창고(찬조금)를 모아 가족에게 전해주고 밖에서 상황을 지켜보기로 했다. 기다릴 곳이 없어 잔디 위에 앉아 하염없이 소식을 기다렸다. 교장 선생님이 왔다 갔다 하면서 간호사와 이야기하며 상황을 체크했다. 계속 기도하며 상황을 기다렸다.

팡가웨 초등학교 선생님들은 시골 마을 교사여서 넉넉한 삶을 살진 않는다. 선생님 중에 팡가웨 마을 주민인 분도 있다. 대부분 이 학교에서 오랫동안 함께한 분들이라 정말 가족 같다. 어려운 일이 있을 때는 물론, 좋은 일이 있을 때도 늘 함께한다.

특별한 소식이 없나 보다. 선생님들도 지쳐갔다. 어느덧 시간을 보니 오후 3시. 오전에 마을에서 나와 벌써 시간이 많이 흘렀다. 저녁에 다시 마을로 돌아가 영화 상영을 해야 해서 계속 있진 못할 것 같아 선생님들에게 인사를 하고 돌아왔다.

다음 날 아침, 회의를 마치자마자 학교로 향했다. 오늘내일 역시 조기 수업으로 학교가 12시가 끝난다고 한다. 선생님께 베나드 선생님 어떻게 되었냐고 물어보니 정말 감사하게도 큰 고비를 넘겨 지금 다레살람 병원에 있다고 했다. 큰 고비를 넘겨 정말 다행이다. 수술이 잘되고 빨리 회복해서 다시 선생님과 학교에서 만날 수 있기를 기도해야겠다.

04

소중한 나의 사람들

이곳에서 하루하루의 삶이 얼마나 소중한지 알게 되었다.

어느덧 임기종료까지 3개월이 남았다. 연이은 말라리아로 면역력도 체력도 바닥이 났다. 똑같은 일과로 하루를 지내는 데 이전보다 매우 힘들다. 기운 없고 열이 나고 근육통 증상이 사라지질 않는다. 며칠 푹 쉬고 좀 나아진 것 같아 시장에 채소를 사러 다녀왔다. 한 시간 안에 시내에 가서 장을 보고 왔는데 집에 오니 몸 상태가 급격히 안 좋아졌다.

다음 날 병원에 가서 의사와 상담 후 종합혈액검사를 했다. 검사결과 백혈구 수치가 비정상으로 나왔다. 20~40이 정상범위인데 내 수치는 5. 그동안 면역 수치가 많이 떨어져 몸이 회복되지 못하고 비정상적인 컨디션이었던 것. 사무소에 있는 한국 의사 선생님이 매우 위험한 상태고 면역력이 없는 거나 마찬가지라 이 상태에서 또 말라리아에 걸리면 그때는 해외병원으로 이송해야 하는 위험한 상황이 될 수 있다고 했다. 긴급한 상황이 닥치기 전에 한국에 돌아가는 것이 안전할 것 같다고 생각해보라고 하셨다. 몸을 움직일 힘도 없고 계속 눈물만 흘렸다. 이곳 탄자니아까지 어떤 마음으로 왔는데 중간에 돌아가는 것은 상상도 하지 않았다. 왜 이렇게 몸이 아파 고생하고 이렇게까지 된 걸까 생각하니 속상한 마음만 커진다.

병원에서 결과를 듣고 위드 동희 언니네로 갔다. 언니가 밥을 차려주었지만 먹으면 토할 것 같아 먹지 못했다. 언니들이 며칠 동안 약도 챙겨주고 죽도 끓여주며 보살펴주었다. 조금 기운을 차리고 죽을 먹는데 어떻게 해야 할지 마음이 답답하다. 언니는 앞으로 꿈이 이곳에 있으니 지금 당장 건강을 잘 지키는 것이 더 중요한 것 같다고 잘 생각해보라고 조언해주었다. 나도 내 몸만 생각하면 가족 품에 달려가 쉬고 좋은 병원에 가서 검사하고 치료를 받고 싶다. 그동안 질병에 시달리며 너무 지쳤다. 그러나 그 마음보다 이곳에서 남은 시간을 아프더라도 팡가웨 사람들과 사랑하는 아이들과 보내고 싶은 마음이 더 크다. 이대로 이렇게 헤어짐을 생각하는 것 자체가 괴로울 뿐이다.

의사 선생님이 지금 내 면역 상태로는 한국에 가는 것이 더 위험하다며 걱정했다. 한국은 지금 메르스로 전국이 난리가 났다. 의사가 한국 소식을 알고 걱정할 정도인가 보다. 그러고 보니 그 말도 일리가 있다. 이 몸 상태로 비행기를 탈 수나 있을까.

Rose 선생님으로부터 부재중 연락이 찍혔다. 선생님께 아파서 다른 집에서 며칠 쉬고 있다고 메시지를 보냈더니 아픈 내가 걱정되어 오늘 우리 집 앞에 왔었다고 답장이 왔다. 답장을 보고 얼마나 고마운지 눈물이 났다. 선생님은 나에게 정말 탄자니아 엄마 같은 존재다.

한국에 있는 엄마에게 전화를 걸어 전부 이야기를 했다. 그동안 아플 때마다 일부러 말씀드리지 않았었는데 여러 가지로 마음이 무겁다. 엄마도 다른 것 걱정하지 말고 몸이 우선이니 일단 일주일 정도 몸 상태를 지켜보고 그때도 호전이 없으면 돌아오라고 하셨다. 알겠다고 대답은 했지만, 여전히 마음이 무겁다.

그날 저녁 언니들과 모로고로에 계시는 어른들과 만날 기회가 있어 지금 나의 상황을 이야기해 드렸다. 함께 기도하겠다고 위로해주시고 격려해주셨다. 다른 지역에 계시는 선교사님이 모로고로에 오셔서 처음 뵙고 인사를 나누었는데 나의 이야기를 들으시고 무척 걱정되셨는지 옆에서 기도를 해주시고 면역력에 좋은 레시피를 알려줄 테니 꼭 먹어보라고 하셨다.

20년 세월을 아프리카 오지 마을에서 헌신하시는 선교사님들을 가까이서 보면 존경심이 생긴다. 짧은 시간이지만 이곳에서 생활하면서 건강도 생활도 마을 주민들과 함께 프로젝트를 진행하는 것도 쉽지 않은 일임을 몸으로 느끼며 살고 있는데 오랜 세월 한 나라를 가슴에 품고 편안한 것, 좋은 것, 건강까지 다 내려놓고 살아가시는 모습에 많은 것을 느끼고 배운다.

모로고로에 지내면서 특별히 좋은 점은 스와힐리어 언어학교를 통해 만난 외국인 봉사자들, 선교사들, 다른 지역 한인 선교사님들을 만나는 것이다. 각자 다른 국적의 사람들이 한곳에 모여 탄자니아를 가슴에 품고 언어를 공부하고 문화를 익혀 다시 각자의 필드로 흩어져 현지인들과 함께 삶을 살아간다. 나 또한 그런 마음을 품고 탄자니아에 왔고 앞으로 그러한 삶을 살고 싶다. 그래서 더 간절하게 지금의 고비를 잘 넘기고 싶다.

집으로 돌아왔는데 선교사님으로부터 전화가 왔다. 잘 먹으면 몸이 회복될 수 있으니 당장 짐을 싸서 집으로 오라고 하셨다. 짐을 챙겨 선교사님 댁으로 갔다. 면역력에 좋다는 채소 주스를 만들어주시고 한국식으로 건강에 좋은 반찬들도 해주시고 정말 엄마처럼 보살펴주셨다. 이곳에 파는 꽃잎 차가 말라리아에 좋다고 끓여주셔서 많이 마셨다. 일주일을 잘 먹고 잘 쉬니 이전보다 몸에 기운이 좀 나는 것이 느껴졌다.

병원에서 다시 검사를 해보니 다행히 백혈구 수치가 좀 올라갔다. 하지만 한 번 이렇게 심하게 수치가 내려가면 또다시 그럴 수 있으니 앞으로 계속 면역 관리를 잘해야 한다고 한다. 그래도 정말 감사하다. 보살펴주시고 마음 써주신 분들 덕분에 다시 힘을 내서 일상으로 돌아올 수 있게 되었다. 이 시간들을 보내며 탄자니아에서 하루하루의 삶이 나에게 얼마나 소중한지를, 나의 고통보다 이들을 사랑하는 내 마음이 더 큰 것을 진하게 느꼈다.

05

무디 패밀리

사랑하는 무디네 가족

탄자니아 농촌 마을에서는 대부분 친척끼리 모여 살고 만약 아이가 부모를 잃었거나 잠시 혼자 지내게 될 경우엔 가까이 있는 친척이 아이를 돌봐준다.

무디네 집을 알게 된 이후로 집에 자주 방문한다. 어느 날 학교 제자인 아이들 두 명이 무디네 집 마당에서 같이 놀고 있는 걸 보았다. 알고 보니 한 아이는 무디와 친척 관계란다. 무디네 집 주변으로 이모와 할머니 가족들이 같이 살고 있어 아이들도 마마들도 늘 함께 어울린다. 무디는 아버지와 떨어져 산다. 아버지는 신기다 지역에서 일하며 지낸다고 한다. 사정은 다르지만, 팡가웨 다른 가정도 이런 경우가 많다.

언제나 Karibu Wema를 외치며 나를 반겨주는 고마운 무디 가족. 무디가 우지를 먹고 있어 옆에서 지켜봤다. 우지를 다 먹은 무디가 집에 들어가 식기를 놓고 한 손에 오렌지와 과도를 들고나온다. 웃음기 사라진 표정으로 집중해서 오렌지를 깎는 무디. 고사리 같은 손으로 큰 칼을 들고 오렌지를 깎는 모습이 너무 사랑스럽다. 무디가 나에게 오렌지를 건넨다. 귀한 것일 텐데 얼마나 고맙고 기특한지. 오늘은 또 무디가 준 오렌지 하나가 나에게 큰 행복을 안겨준다.

무디가 까준 오렌지를 맛있게 먹고 이렇게 온 가족이 모인 김에 가족사진을 찍어줘야겠다는 생각이 들어 사진을 찍었다. 함께 나온 사진을 보여주니 할머니와 마마도 무척 좋아한다. 시내에 나가, 인화해서 선물로 줘야겠다. 농담으로 마마에게 한국에 무디를 데려가도 되냐고 물어봤더니 '데려가도 되는데, 무디가 한시도 가만있지 않아 네가 많이 힘들 거야'라며 웃는다.

무디도 내가 있는 동안에만 해도 몇 번 말라리아에 걸렸는데 그때마다 보면 살이 많이 빠진다. 아프지 않을 때는 학교에서도 집에서도 잘 지내는 것 같아 다행이다. 단단히 정든 꼬마 무디와 헤어질 생각을 하니 벌써부터 걱정이다. 지내는 동안 무디 가족과 함께 더 많은 추억을 쌓아야겠다.

야무지게 오렌지 깎아주는 무디

06

탄자니아에서
다시 만난 인연

지구 반대편 탄자니아에서 만날 줄은 꿈에도 몰랐다.

① 여자의 직감은 옳다

저녁 무렵 옆집에 손님이 왔다. 바로 위드 희진 언니와 한국에서 온 위드 간사님. 문이 열리는 소리에 밖으로 나가 간사님과 인사를 나누었다. 그런데 간사님 얼굴이 너무 낯이 익었다. 속으로 한참을 생각하다 '낯이 너무 익은데, 저희 어디서 본 적 있지 않아요? 교회인가, 학교인가?' 질문을 시작으로 어디 사는지, 어느 학교를 나왔는지, 어느 교회에 다니는지 등을 물어봤다. 역시나 직감이 맞았다! 간사님과 나는 대학교 동문. 알고 보니 한 학번 선배인 간사님이 복수전공으로 우리과 수업을 많이 들었던 터라 서로 낯이 익었던 것. 세상 참 좁다는 말, 바로 지금의 상황이다.

선배는 이번 위드-베타 이양식과 사무국 일로 모로고로에 한 달 정도 있다 갈 예정이라고 한다. 한 달이나 있다 간다고 하니 반가울 따름이다. 한국에서의 인연을 지구 반대편 아프리카 탄자니아에서 다시 만날 줄은 꿈에도 몰랐다. 생각지도 못했던 만남에 활기찬 밤이다.

② 체코, 한국 그리고 탄자니아

23살 여름, 유럽으로 혼자 배낭여행을 떠났다. 나는 체코 프라하에서 체스키크롬로프로 가기 위해 버스정류장에 서 있었고 그곳에서 인희 언니를 만났다. 한국인이 반가워 서로 인사를 했는데 알고 보니 목적지인

숙소도 같았던 것. 언니와 체스키에서 함께 여행하며 서로의 꿈에 대해 진지하게 이야기를 나눴다. 언니는 독일에서 미술 전공으로 유학을 하고 있었다. 하는 일은 달랐지만 고민하는 것들이 비슷해 언니와 친해지게 되었다. 한국에 와서도 독일에 있는 언니와 연락을 하며 지냈다. 그렇게 언니는 독일에서 열심히 살고 나는 탄자니아로 오게 되었다.

어느 날 언니가 탄자니아 여행을 결심했다고 연락이 왔다. 마침 내가 탄자니아에 사는 데다 언니의 독일 친구 또한 근래 탄자니아에서 단기봉사를 하고 있어 결심하게 됐다는 것. 언니가 방학 때 한국에 들어와서 한번 보고 얼마 만에 다시 보는 것인지 탄자니아 땅에서 다시 재회하게 되다니 믿기지 않았다.

언니와 드디어 재회했다. 언니의 독일 친구들과 함께 넷이서 한식당을 찾았다. 오랜만에 맛있는 한식도 먹고 긴 시간 못다 한 서로의 이야기를 나눴다.

언니는 내일이면 잔지바로 나는 다시 모로고로로 돌아간다. 체코, 한국, 탄자니아에서 만난 언니를 생각하니 인연이 깊다는 생각이 든다. 마지막 인사를 하는데 언니의 눈시울이 붉어진다. 언제 다시 어디에서 만날지 모르지만, 반드시 어딘가에서 다시 만날 것은 분명하다. 특별한 인연이니까.

Soti 선생님의 장례식

힘들 때 옆에서 손잡아 줄 수 있는 친구가 있다는 것, 감사한 일이다.

Soti 선생님이 돌아가셨다고 연락을 받았다. 그동안 건강하셨던 선생님인데 갑자기 돌아가신 게 믿기지 않는다. 며칠 전부터 말라리아 때문에 몸이 좋지 않아 Rose 선생님과 같이 병원에 치료를 받으러 다니는 것은 알고 있었지만 이렇게 갑자기 하늘나라로 가셨다니…

선생님들과 함께 장례식에 갔다. 마을 깊숙이 한참을 들어가 보니 장례식 준비가 한창이다. 여자 선생님들과 함께 집 뒤편에 모여 음식을 준비하는 곳으로 갔다. 땡볕 아래에서 엄청난 양의 음식을 준비하고 있었다. 나도 선생님들과 함께 채소 손질을 도왔다.

몇 시간이 지나고 음식이 완성되자 장례식에 온 사람들이 식사를 시작했다. 그리고 잠시 뒤 사람들이 마당 한쪽에 둘러앉았다. 집 안에서 찬송가 소리와 함께 가족들이 오열하는 소리가 들리자 분위기가 숙연해진다.

사회자의 사회로 장례식이 시작되었다. 진행에 따라 장례식이 이어져갔다. 그렇게 몇 시간 식이 이어지고 사람들이 줄을 서기 시작한다. 나도 선생님들과 함께 줄을 섰다. 모든 사람이 순서대로 영정 앞으로 다가가 마지막 인사를 하고 돌아 나왔다. 잠시 기도를 했다.

Rose 선생님과 함께 자리를 이동하러 집 밖으로 나왔다. 눈시울이 붉어진 선생님이 오열하기 시작했다. 잠시 앉아서 선생님의 손을 잡고 어깨를 토닥여줬다. 선생님에게 Soti 선생님은 엄마 같은 존재였다. 아마 팡가웨 초등학교에서 Soti 선생님은 모두에게 큰 엄마 같은 존재였을 것이다.

정들었던 사람과의 이별은 언제나 쓰리고 아프다. 그렇지만 그런 순간 서로의 손을 잡아 줄 수 있는 친구가 있다는 것은 참 감사한 일이다.

08

병문안, 다시 만난
Benard 선생님

　형 집에서 지내고 있는 **Benard** 선생님 병문안을 가는 날이다. 팡가웨 선생님들과 베나드 선생님의 형 가족에게 인사를 드리고 선생님이 있는 방으로 들어갔다. 수술 이후 선생님의 다리 상태가 어떤지 직접 보는 것이기 때문에 다들 긴장한 표정이다.

　한 명 한 명 선생님께 다가가 악수를 하며 인사를 하고 자리에 앉았다. 상태가 어떤지 물어보니 깁스 밖으로 나온 엄지발가락을 살짝 움직이며 미소를 보이는 선생님. 조금씩 회복이 되고 있는 모습을 눈으로 확인하니 마음이 놓인다. 유쾌한 팡가웨 선생님들의 수다로 베나드 선생님도 처음보다 활짝 미소를 보이며 농담도 건넨다.

　돌아갈 시간이 되어 다시 한 명 한 명 작별 인사를 나누었다. 선생님에게 꼭 다시 학교에서 보자고 인사한 뒤 방에서 나왔다. 자상한 형 내외 덕분에 선생님도 안정을 되찾고 있는 것 같아 다행이다. 사고의 충격을 생각하면 아직도 아찔하지만, 선생님과 다시 이야기를 나눌 수 있어 감사하다. 선생님이 하루빨리 회복해 내가 한국으로 돌아가기 전에 학교에서 건강한 모습으로 다시 만났으면 좋겠다.

모로고로 가족

모로고로 가족

파견되기 전 모로고로 팡가웨 마을에 가게 해달라고 기도를 했었다. 어떤 이유가 있던 것은 아니었지만 모로고로에서 꼭 활동하고 싶은 마음이었다. 그런데 되돌아보니 다 뜻이 있었던 것 같다.

모로고로에는 특별한 청년 모임이 있다. 이곳에서 사는 크리스천 청년들끼리 자발적으로 만든 모임으로 일주일에 한 번씩 모여 식사를 하고 예배를 드린다. 중장기로 활동하고 있는 멤버뿐만 아니라 잠시 모로고로에 방문하게 된 청년들도 모두 환영하는 모임이다. 이 모임 덕분에 많은 청년과 선교사님들을 만났다. 모두가 들어오고 떠나는 시기가 달라 잦은 송별회가 있는 게 특징이다.

무엇보다 가장 오랜 시간 동안 함께하며 정든 주축 멤버 위드 희진, 동희 언니, 진영 언니, 든든한 옆집 혜지 언니를 만나게 됐다. 옆집 인연으로 시작해서 빵 한 쪽도 나누어 먹으며 의지하게 된 혜지 언니부터 언제나 웃으며 카리부를 외치는 위드 마스코트 희진, 동희 언니. 분위기 메이커 진영 언니까지. 겪어보지 않으면 알 수 없는 일들을 공유하고 서로를 위해 기도하는 모로고로 청춘들과 함께할 수 있어 감사하다.

모로고로에서 만난 또 하나의 가족은 팡가웨 마을 형 선교사님과 이 선교사님. 십여 년 동안 전기도 없고 물도 잘 안 나오는 이 마을에서 오직 한 마음을 품고 살고 계신다. 팀장님과 나는 주일에도 팡가웨 교회에 나가 두 분과 더 가까이 교제하게 되었다. 그리고 매일 같은 마을에 있다 보니 초반부터 선교사님께서 많은 도움이 되어주셨다. 단원들에게도 마을 주민들에게도 부모님 같은 두 분이다.

두 분의 긴 세월 이야기를 다 풀어놓을 순 없지만, 내가 가장 존경하는 선교사님. 두 분은 성숙한 어른이신 것 같다. 영혼들을 사랑하며 기쁨으로 섬기신다. 어떤 일이 닥쳐도 사람에게 의지하지 않고 말없이 묵묵하게 기도하며 진짜 크리스천의 모습으로 살아가신다. 두 분을 통해 선교의 삶을 배우고, 진짜 크리스천의 모습을 볼 수 있어 감사하다.

아프리카에 오기 위해 많은 시간 꿈꾸며 준비하고 기도했는데 그 기도로 이렇게 모로고로에서 귀한 가족을 만난 것 같다.

NINAPENDA TANZANIA

Chapter 5

농촌 지역개발을 위한
고군분투 프로젝트

Africa

Tanzania

01

탄자니아
새마을 프로젝트

팡가웨 마을에서는 한국의 새마을 운동을 모델링 하여 농촌 지역개발 프로젝트를 진행하고 있다.

탄자니아 모로고로 광가웨 마을, 잔지바 체주, 키보콰 마을 그리고 바가모요 징가 마을 이렇게 총 4곳에서 한국의 새마을 운동을 모델링 한 지역개발 프로젝트를 진행하고 있다. 나는 지역개발 단원으로 모로고로 광가웨 마을의 프로젝트 5년 차 마지막 팀원으로 파견되었다. 우리 팀은 사업을 잘 마무리해야 하는 부담감을 안고 이곳에 왔다. 마을마다 한 팀씩 들어가 주민들과 다양한 지역개발 사업을 진행한다.

한국은 전 세계 유일무이하게 수원국에서 공여국이 된 OECD/DAC 회원국이다. 탄자니아는 우리나라를 벤치마킹 대상으로 삼겠다고 공식적인 의사를 밝힌 나라 중 한 곳이다. 새마을 운동이 우리나라를 대표하는 ODA 콘텐츠 중 하나인 것은 분명하다고 생각한다. 이것을 어떻게 현지화하느냐가 중요한데 어려운 점이 많다.

대부분의 사람들은 아프리카는 전부 똑같을 것이라고 생각한다. 아프리카 대륙은 수많은 나라로 구성되어있고 나라마다, 나라의 지역마다, 지역의 마을마다, 마을의 부락마다 나름의 문화 차이와 특성이 존재할 만큼 지역적 특성이 강하다.

파견 전, 두 달간 합숙 교육을 하는데 그중 한 달은 각 마을의 현지인 리더들을 한국으로 초청해 그동안의 프로젝트를 점검하고 마지막 연차의 사업계획을 세우는 중요한 시간을 보냈다. 매일 이른 아침부터 늦은 밤까지 피곤한 일정이었지만 광가웨 리더 무싸, 사이몬과 함께 사업을 점검하고 계획하고 견학을 다니며 알찬 시간을 보냈다.

파견 전부터 나름대로 고군분투하며 사업계획을 세우고 팡가웨 마을을 이해하는 시간이 있었는데 막상 현지에 와보니 또 다른 현실이 펼쳐진다. 한국과 문화적, 기후적 차이가 큰 아프리카에서 ODA는 다른 대륙의 ODA 사업보다 좀 더 세밀함이 필요한 것 같다.

어떻게 새마을 운동의 장점을 모델링 하여 팡가웨 마을의 자립을 위해 나아갈 수 있을 것인가에 대한 고민. 쉽지 않지만 앞으로 계속해서 풀어가야 할 숙제다. 다만 이 숙제를 마을 사람들과 함께 즐겁게 해나갔으면 좋겠다.

자립과 소득증대보다 더 중요한 것은 함께하는 과정에서의 노력과 진심이라고 생각한다. 앞으로 주어진 시간 동안 이들과 함께 열심을 다하기를 다짐해본다.

02

두근두근, 첫 출근

이제 정말 시작이다. Pangawe, oye!

드디어 고대하던 팡가웨 마을에 첫 출근을 하는 날. 시내 쪽에서 팡가웨 마을까지 편도로 1시간 정도 소요된다. 비포장도로를 타고 덜컹덜컹 몸이 튕기기를 반복하다 보니 비로소 마을이 보인다. 마을 곳곳마다 코이카, 새마을을 상징하는 것들이 많다. 우리 마을은 특별한 마을이다. 코이카 프로젝트로 축산과 농업 사업도 했었고 NGO에서 보건소를 건축했다. 그리고 코이카-새마을 지역개발사업을 5년 동안 지속해오고 있다. 이력으로 보면 화려할 수 있지만 자세히 들여다보면 여전히 어려운 점들이 많다.

한 달 동안은 선배 단원과 함께할 수 있는 시간이 주어진다. 함께 사업장을 다니며 현장 점검을 하고 마을 이장과 리더들을 만나 총괄적인 인수인계를 받는다. 가장 막막한 것은 언어다. 마을 사람들이 영어를 못 하고 우리는 아직 스와힐리어를 잘 못 하기 때문이다. 지금은 선배 팀장이 통역으로 많은 도움을 주고 있다.

팡가웨 마을 이장과 각 부락의 리더들, 새마을 사업의 리더들을 만나 인사를 나눴다. 마을회관 앞에 탄자니아와 한국의 국기, 새마을 깃발이 나란히 걸려 있는 걸 보니 실감이 난다.

마을회관에서 이장단과 인사를 나누고 축산농장, 망고농장을 거쳐 다시 차를 타고 굽이굽이 올라가 가파른 언덕을 넘어 응공고로 부락까지 둘러보았다. 팡가웨 마을에 5개의 부락이 있는데 정말이지 생각했던 것보다 무지막지하게 마을이 크다. 느낌상 마을 면적이 우리나라 '구'는 되는 것 같다. 5개의 부락이 멀리 떨어져 있고 응공고로는 가파른 산골짜기 언덕이라 접근하기가 매우 어렵다. 신발과 다리에 가시 같은 게 엄청 박힌다. 곳곳에서 리더 마마들과 만나 스와힐리어로 자기소개를 했다. 선배 단원들과 주민들의 노고가 담긴 사업장들을 계속해서 살펴보니 많은 생각이 든다.

팡가웨 마을에는 아직 전기가 안 들어온다. 당연히 단원들이 머무는 사무실에도 전기가 없다. 마을에서 행정적인 일을 하는 것은 거의 불가하다. 사무실이라고 해서 갔는데 사무실이 아니라 창고다. 크기도 화장실 크기 정도밖에 되지 않고 각종 짐과 나무 책상 한 개가 전부다. 퀴퀴한 냄새와 먼지, 햇빛도 들어오지 않아 컴컴하다. 알고 보니 마을회관 안의 룸을 사무실로 써야 하는데 이장단이 회관 용도로 쓰기 시작해 그곳을 내주고 옆에 창고로 지었던 곳을 단원 사무실로 쓰게 되었다고 한다.

팡가웨 마을은 사업 5년 차에 프로젝트를 거친 마을인데도 막상 곳곳을 살펴보니 다른 탄자니아 새마을 사업장보다 많이 열악한 모습이다. 그러나 이제 시작이다. Pangawe, oye!

03

모로고로 공무원을 만나다

모로고로에서 활동하면서 소속된 기관이 있다. 오늘은 Morogoro RAS(Regional Administrative Secretariat) 기관장을 만나는 날이다. 수년 동안 팡가웨 새마을 사업을 진행해왔고 우리 팀은 마지막 연차로 활동을 잘 마무리하고 완전히 인수해야 하는 미션이 있다. 그래서 더욱더 기관과 기관장의 역할이 중요하다.

이곳 농업 국장이 기관장이다. 선배 단원을 통해 기관장에 관해서 이야기를 들었지만, 첫인상이 중요하니만큼 만남을 앞두고 있으니 조금 긴장도 된다. Mr. Noah는 유쾌하고 반갑게 우리를 맞아주었다. 국장님과 팀장님 연배가 비슷해서 화기애애한 분위기를 이어가는 데 도움이 되었다. 서로 소개를 하고 앞으로의 활동 계획을 나누고 미팅을 마쳤다. 그런데 변수가 하나 생겼다. 몇 개월 뒤면 기관장이 다른 지역으로 발령이 나서 떠나게 된단다. 임기가 지나면 다른 지역으로 발령이 나는 것이 일반적이라고 한다. 얼마 뒤 새로운 기관장과의 미팅을 다시 준비해야 한다. 몇 년 동안 이 사업에 대해 이해하고 협조했던 분이 하필 사업 마지막 연차에 떠난다니 조금 걱정이 되지만 어쩔 수 없다. 좋은 분을 만나게 되길 바랄 뿐.

04

반복되는 마을회의

새마을 프로젝트의 꽃, 마을회의

마을에서 가장 많이 하는 일은 바로 리더들과 하는 마을회의. 회의야말로 새마을 프로젝트의 가장 중요한 과정이다. 무언가를 진행하고 결정하기까지 마을 리더들과의 회의를 통해 이루어진다.

또 활동 초반이다 보니 회의가 정말 많다. 마을 이장단과의 회의, 새마을 프로젝트별로 진행되는 회의, 단원들끼리 회의 등. 부락마다 리더들이 많다 보니 회의를 소집해서 시작하는 것도 큰일이 된다.

마을 회의 모습을 보면 탄자니아의 문화가 선명히 드러난다. 회의나 모임의 시간이 한참 흘러야 나타나는 사람들이 많다. 이것이 바로 탄자니아의 폴레폴레 스타일. 그리고 반드시 회의의 사회자가 있고 그 사회자가 회의에 참석한 참가자들을 한 명씩 다 소개한다. 높은 직위의 사람부터 한 사람 한 사람 다 소개를 하고 박수를 치고, 다시 사회자가 주제에 대해 한참 이야기한 후에야 본격적인 회의가 이루어진다. 중간마다 사회자가 내용 정리하고 중재를 한다.

탄자니아는 회의나 미팅, Ceremony에서 사회자를 정말 중요하게 생각한다. 중요한 자리에선 유명한 사회자를 섭외하기도 한다. 이런 점도 탄자니아 문화이다.

굉장히 격식과 절차를 중요시하고 사람의 직급을 중요시한다. 그래서 팡가웨에서도 마을 이장의 권위가 매우 높다. 그리고 규모와 관계없이 모든 미팅이나 회의에서 방명록에 참여자들의 이름을 적고 서명을 한다.

현지인들과 더 깊은 대화를 나누고 싶지만 아직은 한계가 있다. 통역이 가능한 리누스도 한계가 있고 매일같이 동행하며 일을 할 순 없는 노릇이기 때문에 스스로 노력이 필요하다. 미팅 전에 미리 질문들을 스와힐리어로 적어서 연습해보고 사전도 찾아보고 한다.

한국에서 자료로 받았던 것들과 합숙 교육 때 무싸와 사이몬에게 들었던 것들을 토대로 사업들을 점검하고 사람들에 대해서도 알아가고 있다. 마을 회의를 통해 정확히 점검할 사항들이 정말 많다. 사업비가 나오기 전까지 회의, 점검, 인수인계 등을 토대로 사업계획서를 최종적으로 수정해야 한다. 사업 5년 차 마을에 사업수도 많고 마을 규모도 크다 보니 사업계획서를 작성하기가 쉽지 않다. 더군다나 마지막 연차라 뭘 하든지 항상 출구전략과 손익분기까지 고민해야 하므로 한 줄의 결정을 짓는 것이 어렵다.

막상 현지에 와보니 들었던 것들과는 다른 부분들이 많다. 잘 적응하여 헤쳐 나가는 수밖에. 어쩌면 지금 우리 팀에게 필요한 건 한국인의 '빨리빨리'보다는 탄자니아의 '폴레폴레'인 것 같다.

05

세상에 하나뿐인
팡가웨 시네마

일주일에 한 번, 저녁마다 팡가웨 시네마가 열린다. 전기가 없는 마을에서 영화를 어떻게 보여주는가? 발전기를 사용한다.

한국이라면 영화를 보여주는 일이 간단하겠지만 팡가웨 마을에서는 영화를 한 번 상영하려면 손이 많이 간다. 워낙 마을이 크고 더 많은 사람들이 영화를 보기 바라는 마음으로 한 주는 레게자무엔도에서 한 주는 산꼭대기 응공고로에서 번갈아 가며 영화를 상영한다.

발전기와 기름통, 노트북, 음향 기기와 전선을 싣고 응공고로로 갈 차례. 응공고로 산꼭대기까지 무거운 짐을 들고 등산을 해야 한다. 워낙 가파른 산골짜기 동네라 차가 중간까지 겨우 올라간다. 그러나 캄캄한 저녁마다 시네마, 시네마를 외치며 환영하는 아이들을 생각하면 즐거운 일이다. 청년들이 같이 짐을 나르고 아이들은 의자를 정리하는 것을 돕는다. 작은 일이지만 서로 돕고 협동하는 법을 배운다.

전기 없는 아프리카 시골, 칠흑같이 캄캄한 하늘 아래 별빛이 쏟아지는 풍경으로 영화를 볼 수 있는 낭만이 있다. 세계 어디에도 없는 특별한 광가웨 시네마!

영화를 보면서 깔깔대며 남녀노소 할 것 없이 좋아하는 이들을 바라보면 덩달아 즐겁다. 모기와 벌레들이 달라붙어 방해하지만 모두에게 특별한 순간이다.

레게자무엔도 보건소 앞에서 영화 보는 아이들

어김없이 영화 상영을 하러 마을에 들어갔다. 사무실에 도착해서 짐을 싣는데 가장 중요한 노트북이 보이지 않는다. 사무실에도 없고 차에도 없다. 알고 보니 소연이가 집에 노트북을 가져갔는데 두고 그냥 나온 것. 방법이 없다. 기다리는 아이들에게 오늘은 영화 상영을 못 한다 말을 전하러 웅공고로로 향했다. 피곤한 몸을 이끌고 마을에 다시 들어왔는데 노트북을 집에 두고 사람만 나온 상황이 당황스럽기도 하고 웃기다.

마을 사람들에게 소식을 전하고 내려오는데 새마을회장 리누스가 집으로 초대를 해서 팀장님과 소연이, 빅터와 함께 집으로 갔다. 전기 없는 시골 산골짜기의 밤은 정말 어두컴컴하다. 손전등 하나를 마당에 켜놓고 둘러앉았다. 리누스가 직접 재배한 수박을 잘라주었다. 제법 달콤한 수박이 맛있다. 하늘을 올려다보니 별빛이 가득하다. 칠흑 같은 어둠 속에 별빛들이 더욱더 빛나는 밤이다.

비록 오늘 영화 상영은 실패했지만 어두운 밤, 별빛 아래 손전등 하나 켜고 수박을 나누어 먹을 수 있어 행복하다. 어두워서 서로의 얼굴도 잘 보이지 않는데 깔깔깔 웃을 수 있는 탄자니아에서의 이 시간이 인생에 다시 있을 수 있을까. 마치 시골 할아버지 댁에 와서 가족들과 오순도순 시간을 보내는 기분이랄까. 예상치 못한 인생의 아름다운 한 페이지가 만들어졌다.

전기 없는 마을, 세상에 하나뿐인 아름다운 별빛 아래 광가웨 시네마는 계속된다.

06

팡가웨 초등학교에 가다

꿈은 이루어진다!

오늘은 선배 단원과 함께 팡가웨 초등학교에 가는 날. 선생님들과 인사를 하고 수업도 참관하기로 했다. 드디어 꿈에 그리고 그리던 아이들과 대면한다니 설렌다. 오랫동안 꿈꾸던 것이 이루어지는 순간이 다가왔다.

학교에 들어서자마자 아이들이 사방에서 떠들썩하게 반겨준다. 팡가웨 초등학교는 전형적인 아프리카 시골 학교의 모습으로 낙후된 환경이었는데 코이카 프로젝트를 통해 새로 지어졌다. 마을 아이들에게 정말 잘된 일이다. 유치원도 생겼고 도서관과 교무실도 생겼다. 그리고 아이들이 뛰어놀 수 있는 놀이터와 운동장도 생겼다.

그런데 학교 중앙 마당에 아이들이 동그라미 모양으로 엎드려있다. 뭐 하고 있는 건지 물어보니 아이들이 벌을 받는 것이란다. 선배 단원도 처음 보는 광경이라며 신기해했다.

선배 단원이 아동 교육사업 일환으로 학교에서 다양한 수업을 진행해왔다. 앞으로 내가 그 바통을 받아 아이들과 수업을 하게 된다. 수업을 할 1, 2학년이 가장 인원이 많다. 한 반에 70~80명 정도이고 학년이 올라갈수록 인원이 줄어든다.

교무실에 들어가 선생님들과 인사를 나누고 학교 도서관으로 가보았다. 선배 단원이 수업 준비를 이곳에서 하고 도서관 운영도 하고 있다. 학교생활과 도서관 운영에 관한 이야기를 듣고 1학년 수업에 함께 들어갔다.

낯선 한국인이 들어오자 아이들이 웅성거린다. 크고 빛나는 눈동자로 나를 바라보는 아이들을 바라보는데 이 순간이 나에게 다가온 것이 감사하기도 하고 벅차기도 하고 그저 기쁘다. 떨리는 마음으로 스와힐리어로 자기소개를 했다.

선배 단원이 어떻게 수업을 진행하고 주의를 집중시키는지 유심히 살펴봤다. 한 반에 아이들이 70명이 넘고 저학년이다 보니 집중시키는 일이 관건이다. 혼자서 아이들을 집중시키며 수업을 진행하려면 많은 노력이 필요할 것 같다. 목소리도 평소보다 3배는 더 크게 내야 할 것 같다. 시간이 지날수록 집중력이 떨어져 아이들에게 다가가 집중할 수 있게 도와줬다. 앞자리에 앉은 아이들은 조용히 집중을 잘하고 뒷자리에 갈수록 집중을 못 한다.

한 시간 수업이 끝나고 선배 단원과 피드백하며 어떻게 수업을 해나가야 할지 이야기를 나눴다. 수업에 들어가 보니 한 시간 수업하는 것이 결코 쉬운 일이 아닌 것 같다. 학교 선생님들은 실제로 아이들을 체벌한다. 나무 막대기로 손바닥이나 엉덩이를 체벌하거나 벌을 세운다고 한다. 하지만 선배 단원은 체벌하지 않기 때문에 다른 방법을 생각해내야 한다고 했다. 이 부분도 노력과 요령이 필요할 것 같다.

언제부터 수업을 시작할지에 대해서도 고민이 생겼다. 너무 부담을 갖지 말고 언어와 수업 준비가 충분히 되었을 때 시작하라고 조언을 받았다. 도서관에서 수업 자료가 될 만한 것들을 챙겼다. 최종 사업계획서에 수업계획서도 보완해서 준비를 잘해야 할 것 같다.

　　오늘 드디어 꿈에 그리던 사랑스러운 팡가웨 아이들을 학교에서 만났다. 오랫동안 꿈꾸던 것을 이룬 잊을 수 없는 하루다.

07

Hapa kazi tu

팡가웨 산림녹화사업 망고 나무

chapter 5
농촌 지역개발을 위한 고군분투 프로젝트

청년들의 사업으로 시작하여 이제는 완전 자립 운영 중인 Mills

　마을에서 다양한 프로젝트가 진행되고 있다. 일반운영을 제외하고
의식개혁, 봉제, 양계장, 시범농장, 산림녹화, 주거환경개선, 아동복지, 축
산농장, 마을회관신축 사업이 있다. 이외에도 그동안 선배 단원과 주민
들이 다양한 사업을 진행해왔다.

　사업 진행은 물론 동시에 의식개혁을 위해 많은 노력도 하고 있다.
탄자니아에서 사실 그 부분이 가장 중요하며 노력이 필요한 부분이다.
왜냐하면, 우리가 하는 사업은 외국인이 와서 일시적, 수직적으로 진행
하는 원조사업이 아니라 새마을의 근면, 자조, 협동 정신을 가지고 마을
주민이 리더가 되어 자립을 목표로 하는 사업이다. 어떻게 보면 결과보
단 함께하는 과정에 더 큰 의미가 있지만, 또 소득증대와 온전한 자립을

리더 회계교육

생각해야 하니 어렵다.

마을을 대표하는 청년회, 부녀회, 이장단, 새마을 리더그룹, 사업별 그룹을 세워 프로젝트를 이끌어간다. 그러나 폴레폴레 문화와 생각했던 것과는 다른 현지 상황 때문에 그룹을 이끌어 가는 것이 쉽지 않다. 시 시때때로 예상치 못한 일들이 벌어진다. 이곳에서는 한국인의 빨리빨리, 조급함은 사치다.

의식개혁 사업은 기수마다 단위사업이 달랐었다. 마지막 연차인 우리 팀은 회의 그리고 회계교육 중심으로 사업을 이어가고 있다. 봉제 사업은 부녀회 대표 사업으로 시작해서 현재는 전문가를 양성하는 Beta 스쿨로 운영되고 있다. 산림녹화 사업을 통해서 망고나무를 심고 있고 아동복지 사업의 경우 아동 급식과 교육으로 진행된다. 축산농장은 기존에 일부 지어놓은 터를 변환하여 청년 그룹이 염소를 키우기로 했다. 그리고 마을의 가장 중간지점이라고 할 수 있는 Juu에 모임 공간을 짓기로 했다. 양계장과 시범농장의 경우 기존 사업에서 큰 변화 없이 진행되고 있지만, 여전히 자립 운영에 대한 현실적인 문제점이 많아 출구전략을 짜기에 어려운 상황이다.

시간이 지나면 지날수록 고민이 많아지고 현실의 벽에 부딪힌다. 그러나 함께하는 과정이 더 중요하다는 것을 잊지 말고 끝까지 최선을 다하고 싶다.

08

팡가웨 새마을 체육대회

chapter 5
농촌 지역개발을 위한 고군분투 프로젝트

모로고로의 무더운 더위가 정점에 이르는 1월. 이장단과 부락별 리더들에게 미리 공지하여 마을 체육대회 준비를 시작했다. 음식부터 경품 추천, 선물, 마을별 단체 티셔츠, 현수막, 각 게임 준비, 물품 준비 등 힘을 모아 준비했다. 특별히 간식은 위드에서 소보루 빵을 대량으로 주문했다.

팡가웨 마을은 '레게자무엔도, 마젠고, 주, 웅공고로, 카티' 이렇게 5개의 부락으로 구성되어있다. 팀원들이 각각 한 개의 부락을 맡아 나는 카티를 담당하게 되었다.

토요일 이른 아침부터 분주히 마을로 향했다. 다행히 날씨도 햇볕 쨍쨍하다. 경기는 부락별 청년회 축구, 마마들의 줄다리기, 아이들 달리기로 구성했다. 마을에 게시는 선교사님 두 분과 RAS에 KOICA 자문관 선생님도 체육대회에 참가해주셨다.

음향, 상품과 물건들을 세팅하고 있는데 웬일로 항상 폴레폴레한 마을 청년들이 시작 전부터 모여들었다. 부락별 축구 대표 청년들도 색깔을 맞춘 유니폼을 입고 나타났다. 역시나 축구에 대한 열정이 대단하다. 시키지도 않았는데 자진해서 골대를 옮기고 프로 선수 버금가는 진지한 모습으로 몸을 풀기 시작한다.

단원들과 손님, 리더들은 하얀색 티셔츠를 입고 부락별로 색깔 티셔츠를 나누어 주었다. 리누스의 사회로 체육대회가 시작됐다. 마을별로 응원전을 벌이며 축구 경기가 시작됐다. 어디선가 나타난 하싸니가 능청스러운 표정으로 오디오 앞에 앉더니 휴대폰에서 노래를 틀었다 멈췄다

승부차기까지 간 축구시합   마마들의 줄다리기

하며 디제이 역할을 자처했다.

　선수들이 엄청나게 진지한 모습으로 경기를 이어갔다. 골을 넣자 프리미어리그 선수 못지않은 세리머니를 하는데 그 모습이 웃기고 재미있다. 팀끼리 똘똘 뭉쳐 열심히 참여하는 모습이 보기 좋다. 1차 축구 경기가 끝나고 부락별 마마들의 줄다리기 차례가 되었다. 이게 웬일인가. 아이들을 통제하는 것보다 마마들을 통제하는 것이 더 어렵다. 시작하기도 전에 자꾸만 줄을 당겨 호루라기를 불 수가 없다. 마마들의 신경전 속에 스텝들이 총동원하여 준비를 외치고 마침내 줄다리기가 시작됐다. 역시 엄마의 힘은 위대하다. 팽팽한 줄이 좌우로 왔다 갔다 반복하다 마젠고 마마들이 승리를 가져갔다.

　살벌했던 마마들의 경기가 끝나고 점심시간이 되었다. 어느새 아침보다 더 많은 인원들이 운동장에 가득 찼다. 빵을 나누어주어야 하는데 이렇게 많은 인원에게 한꺼번에 배식한 적이 없어 잘 될까 싶었는데 놀라운 일이 눈앞에 벌어졌다. 사회자 안내에 아이부터 어른까지 신속하게

아이들의 달리기 시합

마을별로 줄을 서기 시작했다. 길게 선 줄을 보니 '이것은 반드시 사진에 남겨야 하는 순간이다' 싶어 재빨리 사진을 찍었다. 사람들이 싸우지 않고 차근차근 차례대로 빵을 받아 갔다. 당연한 것 같지만 엄청난 인파 속에 다투지 않고 일어난 놀라운 일이다.

점심시간이 끝나자 오전보다 많은 사람이 운동장으로 모였다. 기다렸던 무디도 나타나 운동장을 누비며 뛰어놀았다. 학교 제자 아이들 얼굴도 보이니 더 반갑다. 틈틈이 아이들과 놀아주고 사진도 찍어주었다.

드디어 축구 결승전이 시작했다. 팽팽한 경기 끝에 결국 승부차기까지 갔다. 분위기와 퍼포먼스가 챔피언스리그 결승전 저리 가라다. 마지막 순간 내가 막느냐, 네가 넣느냐 긴장감 끝에 레게자무엔도의 승리로 끝이 났다.

아이들의 달리기 시합이 이어졌다. 흩어져있던 아이들이 모두 나와 달리기 시합에 참여했다. 들어온 순위대로 줄을 세웠지만 참여한 모든 아이들에게 선물을 나누어줬다.

마지막으로 모두가 기다린 시상식과 경품추첨의 시간. 최종 우승은 마젠고에게 돌아갔다. 부락별로 준비한 종이를 뽑게 하고 스텝들이 돌아가면서 부락별 뽑기 통에서 쪽지를 뽑아 숫자를 불렀다. 뽑힌 사람이 경품을 받아 가는 것이다. 사업비로 준비한 상품, 자문관 선생님과 선교사님이 주신 상품도 있어 더 풍성한 잔치가 되었다. 생각보다 크고 작은 경품이 많아 시간이 오래 걸렸다. 사람들이 너도나도 앞으로 모여들어 귀를 기울인다. 다행히 마마, 청년, 아이들까지 고루고루 경품을 받았다. 모든 경품추첨이 끝나고 체육대회가 마무리됐다.

온몸은 땀범벅이 되었지만, 열심히 준비한 만큼 다들 즐겁게 참여한 것 같아 뿌듯하다. 무엇보다 마을 사람들이 서로 하나가 되고, 다투지 않고 긴 줄을 서서 간식을 받는 모습을 볼 수 있어 좋았다. Pangawe, twende pamoja!(팡가웨. 함께 가자!)

경품추첨으로 선물 받은 아이

09

꼬리에 꼬리를 물고

이 땅에 단비가 적셔지기를

많은 이들이 아프리카는 여전히 가난하고 아픈 아이들이 많다고 생각한다. 원인이 가난하기 때문이라고 생각하는 사람들이 대다수일 거다. 그런데 모든 것이 단순한 문제가 아니다.

팡가웨 농업 상황만 봐도 그렇다. 주민들의 주업이 농사인데 농촌에서도 농사가 잘되지 않는다. 이런 상황은 먹고사는 문제로 직결된다. 여러 원인이 있다. 가장 큰 건 기후. 최근 우기에도 비가 많이 오지 않는다. 그리고 병충해 문제가 있다.

실제로 팡가웨뿐만 아니라 탄자니아 곳곳을 보면 전 세계에서 세워놓은 고장 난 우물이 수두룩하다. 우물펌프가 만들어진 기쁨이 얼마 가지 못해 무용지물이 되어버린다. 현지에서 사후관리가 전혀 되지 않는 것이다. 팡가웨 마을은 마을 자체에 물이 나오지 않는다. 그래서 뒷마을에 돈을 내고 물을 끌어다 쓴다. 돈을 냈어도 뒷마을에서 물이 끊어지면 물을 쓸 수 없다. 물론 돈이 없으면 물을 사용할 수 없고 그저 빗물을 받아내야 한다. 기후 이상으로 점점 강수량이 줄어드는 것도 큰 문제다.

물 문제는 농업은 물론, 먹고 마시는 것 그리고 질병 문제까지 일으키기 때문에 심각한 문제다. 물 하나 때문에 야기되는 문제가 너무나 많다. 더러운 물을 마시는 아이들은 많은 질병에 노출된다.

마을에 들어오자마자 펼쳐진 드넓은 땅은 전부 옥수수밭이다. 시즌이 되면 열심히들 농사를 짓는다. 그러나 시간이 지나고 보면 야속하게도 농작물이 죽어있는 일이 참 많다. 보면 마음이 아프다. 병충해도 문제다. 당장 급하면 해충 약을 사다 뿌려줄 수 있지만, 멀리 보면 이것도 답이 아니다. 배보다 배꼽이 더 큰 상황이 벌어지기 때문이다. 그리고 해충약조차 먹지 않는 상황도 있다. 선배 단원 말로는 탄자니아에서 송장 메뚜기떼를 방지하는 무언가를 개발한다면 정말 큰 변화가 일어날 것이라고 한다.

시간이 지나면 지날수록 맞이하는 현실적인 문제들. 팡가웨 마을뿐만 아니라 탄자니아의 전체적인 현실을 직면하게 된다.

10

Karibu, wageni

팡가웨 팀 화이팅!

chapter 5
농촌 지역개발을 위한 고군분투 프로젝트

우리 마을에 한국인 손님들이 오신다. 국내 교육 때 단원들을 지도해 주신 박사님들과 경상북도 도청에서 사업 점검차 마을에 오시게 된 것. 그간 사업을 진행하면서 답답하고 어려웠던 점에 대해 조언을 구하고 앞으로 출구전략에 대해 논의할 수 있는 좋은 시간이 될 것 같다.

면접부터 합숙교육까지 함께 했던 박사님들을 탄자니아에서 다시 만나니 반갑다. 단원들을 위해 한국 초코파이와 초콜릿을 선물로 주셨다. 인사를 나누고 사무실에서 준비한 자료를 가지고 사업보고회를 시작했다.

그리고 사업장을 모두 돌아보며 점검을 받고 출구전략과 문제점들에 대해 체크하며 중요한 이야기를 나누었다. 그동안 단원들이 가지고 있었던 어려움에 대해 공감해주시고 의견도 제시해 주시니 한결 마음이 놓이고 재충전이 된 것 같다. 마을에서 일정이 끝나고 시내 식당에서 저녁 식사를 했다. 그동안 지내온 일들, 새마을 사업에 대한 못다 한 이야기, 현지 생활 등 이야기를 나눴다. 가장 중요한 것은 임기 마지막 날까지 건강하게 지내는 것이라며 단원들을 격려해주셨다.

한국에서부터 멀리 오셔서 자문해주시고 팀원들을 격려해주시니 팀 사기도 올라가고 다시금 마음 다짐을 할 수 있어 좋은 시간이 되었다.

11

잔지바 마을 출장

키보콰 마을

팀원들과 함께 잔지바 마을 사업장 출장길에 나섰다. 사업 초반에 가 보는 것이 좋을 것 같아 다 함께 잔지바에 가기로 했다. 탄자니아의 4개 새마을 사업장 중 우리 마을과 키보콰 마을은 마지막 5년 차다. 사업마다 출구전략을 세워 마무리를 잘하고 나와야 하므로 함께 이야기를 나누면 도움이 될 것 같다.

모로고로에서 잔지바까지는 가는 길이 멀고도 험하다. 버스를 타고 다레살람까지 4시간 30분, 다레살람 버스터미널에서 페리까지 한 시간 정도, 그리고 다시 페리를 타고 잔지바까지 2시간이 걸린다. 이동으로만 하루가 흘러간다. 그래도 탄자니아에서 배도 타보고 바다를 볼 수 있어 설레는 마음으로 출장길을 나섰다.

모로고로도 햇볕이 강하지만 다레살람은 바다가 있어 습기도 무척 높다. 차들도 너무 많고 높은 건물마다 실외기도 즐비하다. 이 무더위에 짐을 짊어지고 복잡한 도시에서 주의하며 이동하는 일이 고되다. 페리에 도착하여 여권과 워킹 퍼밋을 보여주고 표를 샀다. 잔지바 단원들이 파도가 심해 멀미가 날 거라고 했는데 정말이지 바이킹 수준으로 배가 흔들린다. 멀미에 지치다 보니 어느새 낯선 풍경이 눈 앞에 펼쳐진다. 모로고로와는 너무나 다르고 다레살람과도 다른 이색적인 풍경. 마치 중동과 아프리카가 섞인 것 같은 분위기. 팀원들과 배에서 내리기 전 기념사진을 찍으며 잠시 즐거움을 만끽했다.

체주 마을 팀장님과 명순 언니가 마중을 나왔다. 출장 기간 동안 언니네 집에서 머물기로 했다. 집에 도착해 짐을 풀고 동기 단원들과 만나 바다 앞 식당에서 밥을 먹었다. 매일 같이 교육을 받으며 몇 개월을 보내고 몇 개월 헤어졌다 다시 만나 다들 반가웠다. 아름답게 빛나는 잔지바의 밤바다를 풍경으로 그간의 이야기를 나누며 즐거운 시간을 보냈다.

다음 날 아침, 체주 마을로 향했다. 체주 마을은 새마을 사업 3년 차로 의식 교육과 회관건축에 주력하고 있다. 특별하게 망고건조 사업을 하고 있는데 망고건조를 시작으로 다양한 과일을 건조하며 진행하고 있다.

망고건조 사업장에 들어가자마자 마당에 건조장이 보인다. 안으로 들어가 보니 사업 멤버들이 직접 망고 껍질을 깎아서 자른 후 재료를 중탕하여 망고와 함께 혼합하고 있다. 능숙해 보인다. 지역 특성상 망고나무가 많고 잔지바는 탄자니아의 큰 관광지라 열대과일을 맛보지 못하는 관광객들에게 건조 망고는 좋은 상품이다. 시작부터 판로개척, 출구전략까지 생각했을 때 좋은 사업인 것 같다.

체주 마을의 유아교육은 독립된 건물에 큰 유치원을 공립화하여 자립적으로 운영 중이다. 방학 기간이라 교사들과 아이들의 수업 모습은 직접 보지 못했다. 화장실, 수돗가가 별도로 되어있어서 위생 교육과 청결에 장점이 있음을 확인했다.

단원들과 함께 사업장과 마을을 둘러보고 사무실로 돌아왔다. 작지만 깨끗하고 좋은 환경이다. 전기가 들어오니 선풍기도 돌아가고 냉장고에서 시원한 물을 마실 수 있다. 사무실에서 노트북이나 프린터를 사용할 수 있는 것도 정말 좋은 것 같다. 단원들과 서로 궁금한 점들을 이야기 나누고 사업에 대해 공유하는 시간을 가졌다. 올해 새롭게 양봉 사업을 시작할 예정이고 회관건축에 박차를 가할 예정이라고 한다. 우리 마을과 다른 분위기인 체주 마을이었다.

이튿날, 5년 차 키보콰 마을로 향했다. 키보콰 마을은 회관을 특별하게 건축했다. 회관 안에 많은 시설이 있다. 유아교육 교실, 봉제실, 사무실, 보건소, 휴게실, 두카(가게)까지. 현지인들을 위한 큰 홀이 있어 미팅이나 교육을 위한 장소로도 아주 좋은 것 같다.

봉제 사업은 현재 담당자가 교복 제작 주문을 직접 받아와서 학생들이 교복을 제작하고 이에 대한 임금을 나눠주는 방식으로 진행하고 있는데 앞으로 사업의 자립을 위해 다른 방법으로 전환 중에 있다고 한다.

가장 문제가 많은 양계 사업이 키보콰에도 있는데 이곳 역시 어려운 점이 많아 보인다. 실제 사료비가 달걀 가격보다 많이 나오기 때문에 본질적인 문제에서 벗어나기가 쉽지 않다. 탄자니아에서 달걀값이 매우 비싸다.

시범농장의 경우 평평하고 넓은 터가 굉장히 좋고 밭 관리가 깔끔하게 잘되어 있다. 산골 마을인 응공고로보다 훨씬 좋은 환경이다. 벤치마킹에 도움이 되는 부분들을 찾을 수 있었다. 생각해보니 광가웨는 지형적으로도 특이한 마을 같다. 체주나 키보콰는 드넓은 평지 마을인데 광가웨는 5개 부락이 산, 경사, 평지에 두루두루 넓게 퍼져있기 때문에 사업적으로 더 어려운 환경이다.

출장을 와보니 우리 마을과 다른 환경, 다른 분위기, 다른 모습을 볼수 있었고 출구전략 등 전체적인 고민을 공유할 수 있어 유익한 시간이되었다. 아직은 초반이라 출구전략과 업무 이양에 대한 플랜이 다 나오지 않았지만 두 팀 모두 최선의 방법으로 5년간 피땀으로 일군 새마을 프로젝트를 단원들이 떠난 후에도 잘 유지해나갔으면 좋겠다.

키보콰 봉제 교실   키보콰 시범농장

12

처음 도전한 회계업무

나는 문과를 전공한 데다 살면서 회계 일을 맡아서 해본 적이 없다. 합숙 교육을 하면서 팀마다 팀장, 회계, 서기, 통역을 정해야 했는데 아무도 회계를 하고 싶어 하지 않았다. 나도 부담스러웠지만 아무도 희망하지 않으니 나라도 해야지 하는 마음으로 회계를 맡게 되었다.

프로젝트 비용도 부담스럽지만, 사업비를 한화, 달러, 현지통화 세 가지 모드로 호환이 되어야 하는데 처음에 이것이 어려웠다. 사업수도 많다 보니 초반에 어려움이 많았다. 소요예산신청서, 분기별 집행 명세서, 매월 집행 명세서 등 계속해서 작업하다 보니 조금씩 익숙해져 갔다.

회계 업무량이 생각보다 너무 많다. 그런데 마을엔 전기가 없다 보니 집에서 항상 회계일을 해야 한다. 정전이 잦아 회계자료를 만들 때마다 곤혹스러울 때가 많다.

매월 몇 번씩 은행에 가서 사업비를 뽑아 각 사업담당자에게 금액을 정리해서 나누어주고 다시 월말에 잔액과 영수증을 받아 정산한 후, 은행에 가야 한다. 그리고 엑셀로 사업별 총정리를 해야 한다. 정리를 완벽히 한 후, 월별 집행 명세서를 프린터로 뽑아 한 장씩 구멍을 다 뚫고 노끈으로 묶어 일일이 손으로 책 4부를 만든다. 1부당 두께가 어마어마하다. 3부는 사무소로 발송하고 피드백을 받은 후, 수정사항이 생기거나 회계교육이 잡히면 사무소로 회계 출장을 가야 한다.

　태어나서 이 정도 돈을 만져 본 적이 없다. 회계가 되니 날마다 때 묻은 돈을 만진다. 이곳에서는 외국인이라 더 쉽게 노출되어 항상 안전에 주의해야 하는데 회계라서 더 조심해야 한다. 은행에 들어가고 나오는 것도 조심스러운 일이다. 가방, 서류봉투, 봉지 등 온갖 방법을 다 써보고 있다. 돈을 받고 안전하게 사업비를 관리하는 것도 단원마다 각자 노하우가 다르다.

　회계업무를 하면서 힘든 점도 많지만 배우는 점도 많다. 어떤 점들이 보완되어야 하는지 현장 프로젝트를 할 때 비용 때문에 생기는 요소들을 배운다.

13

소득증대사업,
자립할 수 있을까?

응공고로, 청년 축산농장

계속해서 출구전략을 세우며 수정하고 있다. 손익분기까지 따져가며 이리저리 애를 쓰는데 많은 생각이 든다. 애초에 사업을 시작할 때 좀 더 멀리 보고 시작했더라면 마을 리더들이 조금이라도 나은 운영을 할 수 있지 않았을까 하는 생각이 드는 동시에, 현장에서 이렇게 할 수밖에 없는 한계점과 변수가 정말 많이 발생함을 다시금 깨닫는다.

봉제 사업의 경우도 최초의 취지는 마을 마마들을 중심으로 봉제 교육을 받아 학생이 교사가 되고, 만든 옷들로 수익을 창출해 지속해서 사업을 이어나가는 것이었다. 하지만 마마들의 사업 참여가 낮아 그 방법으론 유지가 되지 않았고 결국 마을 학생과 다른 동네 학생들이 봉제 교육을 받으러 오게 되었다. 강사도 외부 강사가 오게 되어 사업비로 임금을 계속 받는 상황이다.

긍정적인 것은 마을 봉제 아카데미가 유명해지고 많은 학생을 배출하고 있어 베타 아카데미로 운영이 되는 점이다. 아카데미를 통해 기술자를 배출하고 계속해서 교복을 제작하여 수익도 내고 있다. 몇 년 동안 축적된 수익금도 있는 상황이지만 사업비 투입이 중단된 후 문제는 교사 임금과 재료비다. 재료비가 비싸기 때문이다. 소득증대 사업 가운데 봉제 사업이 가장 비전이 있다고 보이기 때문에 주문처를 많이 확보하고 팡가웨 학생들을 더 많이 양성하여 잘 유지되었으면 좋겠다.

망고농장과 시범농장의 사례도 마찬가지다. 망고농장도 멤버들이 열심히 하고 있는데 그에 비해 수확량이 적다. 시범농장은 임금은 없지만,

운영에 필요한 비용들이 투입되고 있다. 농장의 경우 수확이 있는 편인데 병충해 때문에 문제가 많다. 더 다양한 판로를 개척하여 멤버들이 애정을 쏟고 있는 만큼 수확이 이어졌으면 좋겠다. 리더가 사업에 열정이 있는 만큼 애정을 가지고 잘 이끌어 갔으면 좋겠다.

아등바등 전략을 짜기 위해 노력하지만 가장 중요한 것은 모든 사업에 참여하고 있는 멤버들의 마음가짐이다. 모든 지원이 중단되었을 때도 열심히 참여할 것인가. 지난 5년간 마을의 성장을 위해 함께 땀을 흘리며 참여해주었던 일들을 생각해보면 희망이 있다고 생각한다.

마무리하면서 참으로 어렵고 부족함도 느낀다. 아무쪼록 함께 남은 시간 동안 최선을 다해 RAS와도 협력해서 좋은 전략이 나왔으면 좋겠다.

14

사업설명회와 사업평가회

사업과 관련된 농업국 관계자들을 초청해 시청 홀에서 사업설명회를 개최했다. 전반적인 사업 소개와 각 사업의 현황, 출구전략, 협조 사항, 질의응답 시간을 가졌다. 생각보다 많은 공무원이 참석해 유익한 시간이 되었다.

더 나은 인수인계를 위해 분기별 사업평가회를 열기로 했다. 앞으로 우리가 떠난 후에 사업 유지와 자문을 위해 평가위 새마을 감사위원도 위촉했다. 최대한 할 수 있는 장치들을 세우고 리더 그룹과 모여 분기별로 사업에 대해

농업국 공무원 초청 사업설명회

함께 이야기를 나누며 전략을 찾고자 이 일들을 진행하기로 했다. 팀장님께서 일들을 주도하시고 특별히 RAS 자문 선생님께서 많은 도움과 힘이 되어주셨다.

감사위원으로 위촉된 공무원이 점점 관심을 보이는 것 같다. 내게 다가오더니 회의 자료들을 메일로 보내달라고 한다. 마을 사람들과 공무원, 감사위원, 마을 이장단까지 모여 모든 것들을 투명하게 공개하고 현실적인 문제들을 풀어갈 수 있는 시간이 되었다. 각 그룹과 이견을 좁혀가며 서로 합의점을 잘 찾아갔으면 좋겠다.

감사위원 회의

15

나는 선생님입니다

chapter 5
농촌 지역개발을 위한 고군분투 프로젝트

① 집중력 키우기

수업하면서 가장 어려운 점은 혼자서 아이들을 집중시키는 일이다. 수업 때마다 창문에 달라붙어 방해하는 아이들이 있어 더 신경 써야 한다. 집중시키는 노래와 율동을 활용하기로 했다. 한국 동요 '그대로 멈춰라'를 스와힐리어로 번역해서 '멈춰라' 부분을 아이들이 집중하지 못할 때마다 부르며 활용하기 시작했다. 또 다른 방법으로 잘하는 아이들을 칭찬해주고 잘된 작품은 보여주며 칭찬을 해준다. 길거리 도장 기술자에게 도안을 가져가 칭찬 도장도 만들었다. 잘하는 친구뿐만 아니라 열심히 참여하는 친구들에게 칭찬 도장을 주기 시작했다. 아이들이 처음에는 이게 뭔가 싶어 하더니 이제는 너도나도 칭찬 도장을 받고 싶어 더 열심히 한다.

② 다양한 수업

마음 같아선 더 다양하고 창의적인 수업을 하고 싶은데 현실적인 여건이 따라주지 않아 수업이 제한적일 때가 많다. 전기가 없어 못 하는 것도 있고 모로고로에서 또는 다레살람에서도 수업 자료를 구할 수 없어서 하고 싶은 수업을 못 하기도 한다.

시내에 있는 문구점과 서점은 골목골목 다 찾아다녀 봤다. 다레살람 출장을 가서도 최대한 많은 곳에 들러 새로운 교과서나 학습지, 책, 재료들을 구하려고 애를 썼다. 때로는 수업 준비를 했지만 제대로 진행하지 못할 때도 있다. 혼자서 진행하기에 역부족인 내용이기 때문이다. 방학 때 야심 차게 새로운 수업들을 해보고자 했지만, 방학 때 아이들을 학교로 모이게 하는 일이 어렵다.

사무실에는 전기가 없으니 수업 준비를 대부분 집에서 한다. 일단 무엇을 하면 좋을지 생각해보고 자료조사를 한 후, 한 주의 수업을 결정하고 실제 수업 내용을 준비하고, 학습지나 재료를 만든다. 예를 들어 종이접기 수업을 하고 싶어도 한국처럼 정사각형 색종이가 이곳에는 없다. 색종이를 사려면 다레살람에 가야 많고 사이즈도 A4 크기라 일일이 잘라야 한다. 학습지를 손으로 그리고, 써서 만들고, 프린터로 복사를 한다. 그래도 아이들과 무엇을 하면 더 즐겁고, 뭘 가르치면 아이들에게 도움이 될지 고민하는 시간이 보람 있다. 이곳 아이들은 예체능 수업을 접할 수 없고 창의력을 길러주는 학습이 없기 때문이다. 특히 아이들이 영어, 수학을 어려워하고 잘 따라가지 못해서 영어, 수학 수업은 재밌는 학습지로 접근하며 가르치고 있다.

가장 인기 있는 수업은 만들기 수업. 종이접기는 평소에 단계를 늘려가며 꾸준히 한다. 동물 종이접기를 통해 동물 이름을 영어와 스와힐리어로 배우고 소리도 따라 한다.

한국 동요를 번역하여 기타를 치며 노래도 부르고 율동을 하는 수업도 아이들이 좋아한다. 영어 동요나 알파벳 노래로 선행학습을 하고 그림카드와 문제지까지 연결하여 수업을 진행한다.

알록달록 왕관을 쓰고   하회탈 만들기 수업 후

미술 수업도 많이 하는데, 크레파스를 이용한 다양한 색칠 수업, 물감으로 손도장 찍기, 따뜻한 색, 차가운 색을 구분하기, 만다린 수업, 얼굴 그리기, 가면, 왕관 만들기 등의 수업을 했다.

한 번은 방학 전, 야심 차게 보물찾기를 진행했다. 학교 밖으로 아이들을 인솔하고 통제를 해야 해서 잘 될까 고민이 많았다. 수업 시간 전 운동장 곳곳에 종이쪽지를 숨겨두었다. 아이들이 의욕적으로 종이를 찾으며 무척 좋아했다. 모든 아이들이 보물을 찾고 종이에 써진 숫자에 맞는 상품을 받았다. 아이들에게 필요한 학용품을 선물하고 싶었는데, 무작정 선물을 주기보다는 보물찾기 방식으로 해보니 여러모로 좋았다.

운동장에서 보물 찾는 아이들

과제 하는 유치원 아이들

③ 성장하는 아이들

함께하는 시간이 점점 흐르다 보니 아이들의 성장한 모습이 눈에 보인다. 2학년으로 함께 수업했던 아이들이 3학년으로 올라가 의젓한 모습을 보인다. 창문 밖에서 아이들이 공부하는 모습을 지켜보고 교실에 들어가 아이들을 만나는데 부쩍 키도 크고 공부도 진지하게 하는 모습을 보니 기특하다. 스스로 도서관에 찾아와 얌전히 책을 읽기도 한다.

말썽꾸러기였던 1, 2학년 아이들도 수업 시간에 짝꿍을 도와주기도 하고 열심히 참여하려는 모습이 보인다. 잘 따라오는 아이들도 있지만 조금 느리거나 갈피를 잘 못 잡는 아이들도 많다. 그럴 때마다 돌아다니면서 지도를

짝꿍을 도와 팔찌 만들기

하지만 혼자서는 역부족이다. 그래서 나는 잘하는 아이들에게 짝꿍이나 주변 친구들을 도와주라고 한다. 그러면서 아이들은 짝꿍을 도와 함께하는 방법을 배우고 인내심도 기른다.

수업 준비를 마치고 교실로 들어갈 때 아이들이 나와 준비물을 대신 들어주고 반 아이들을 조용히 시키기도 한다. 말없이 선생님을 도와주는 아이들 모습이 그저 예쁘고 대견하다.

시간이 지나면서 애제자들도 생겼다. 나에게 큰 힘이 되어주는 아이들이다. 아이들의 성장을 볼 때마다 내 마음도 함께 성장하는 것 같다. Asante, wanafunzi wangu!

④ 에피소드

아이들과는 물론 팡가웨 선생님들과도 단단히 정이 들었다. 많은 에피소드도 생겼다. 그중 하나는 새마을 사업 멤버들 자녀가 내 학생이었던 경우다. 처음에는 몰랐다. 한 아이의 경우 좀 닮았다고 생각했는데 영화 상영하는 날 모든 사실을 알게 되었다. 아이가 하싸니 아들인 것을. 새마을 리더인 무싸의 아들도 초등학생이 되어 나와 함께 수업하고 있다. 알고 보니 더 반갑다.

학교 교무실이 가끔 매점으로 변한다. 아이들이 쉬는 시간마다 선생님에게 와서 사탕이나 군것질거리를 사 간다. 처음엔 잘 몰랐는데 탄자니아에서는 이런 일이 흔하다.

치티 선생님

　수업이 끝나고 선생님들과 이런저런 이야기를 나누곤 하는데 하루
는 선생님이 나에게 이빨이 아프냐고 물었다. 전혀 아프지 않다고 말하
니 선생님이 심각한 표정으로 왜 이빨 색깔이 다르냐고 묻는 것. 무슨 말
인지 생각하다 이빨을 금으로 때운 것을 보고 하는 말인 것을 깨달았
다. 설명하기 어려웠지만 아파서 이렇게 치료를 한 것이라고 말해주었
다. 선생님들은 내 머리카락도 신기해한다. 머리카락을 만져보고 따주
기도 한다.

　탄자니아가 너무 좋아서 한국에 가기 싫다고 하니 선생님이 가지 말
고 여기서 결혼을 하면 문제 될 것이 없단다. 왜 아직 결혼하지 않았는지
이해가 안 된다며 말이다. 한국 사람들은 탄자니아 사람들보다 결혼을

늦게 한다고 말해주었더니, 한 선생님은 자기 큰아들이 내 나이와 비슷하다며 소개해 준다고 한다. 선생님들과 한바탕 수다를 떨며 즐겁게 지낸다.

수업에 대해 고민이 되거나, 아프고 힘들 때, 날마다 가족처럼 함께 하는 선생님들이 있어 얼마나 큰 힘이 되는지 모른다. 생각지도 못했던 든든한 가족이 생겼다.

16

Juu 아이들을 위한
미니도서관

Juu 부락 회관에 아이들을 위한 미니도서관을 만들었다.
아이들의 꿈이 자라나는 곳이 되기를 바란다.

마을 5개 부락 중 중간에 있으나 사업장이나 교육환경에 대한 접근성이 가장 열악한 곳이 Juu. 사람들이 모일 수 있는 장소도 없어 작게나마 개방형 회관을 만들기로 했다. 마지막으로 사업을 정리하면서 주 아이들을 위한 작은 도서관이나 공부방을 마련해주고 싶었다. 하지만 그것을 위해 새로 공간을 지을 순 없어 고민인 찰나, 마침 주 회관에 창고 겸 회의 공간을 위한 방 하나가 있어 팀장님과 주 리더와 이야기를 나눈 후 그곳에 아이들을 위한 공간을 마련하기로 했다.

빨리 완공이 되길 바라는 마음으로 미니도서관에 필요한 것들을 준비했다. 환경 미화 용품과 책들은 이곳저곳에서 구매하고 책꽂이와 책상은 마을 푼디에게 제작을 맡겼다. 팀원들과 오피스 벽에 벽화 작업도 했다. 드디어 룸이 오픈되어 깨끗이 청소하고 푼디에게 받은 책꽂이와 책상을 배치했다. 못을 박아 그림 포스터도 걸어놓고 안내 카드도 붙였다. 구매해 놓은 새 책들도 하나하나 채워 넣었다.

감사하게도 소장님께서 주 오피스 개관식 행사에 오셔서 함께 축하해주셨다. 시계를 선물해주셔서 룸 안에 잘 걸어두었다. 작지만 아이들을 위한 공간이 생겨 마음이 한결 놓인다. 계속해서 주 리더와 만나 아이들의 공부방을 위해 상의하고 운영에 대한 방침을 이야기했다. 남은 시간이 조금 더 있었다면 주 아이들에게 직접 독서지도를 했으면 좋았을 테지만 그래도 리더에게 인계를 해주었으니 앞으로 주 아이들에게 좋은 공간으로 활용되기를 바란다.

감사 인사 전하는 Juu 부락 마마

정리를 마친 미니도서관 첫 손님이 된 Juu리더와 빅터

chapter 5
농촌 지역개발을 위한 고군분투 프로젝트

17

리더 교육

그룹 리더들을 대상으로 회계교육을 진행하고 있다. 처음에는 어려움이 많았는데 매주 교육을 할수록 계산능력이 향상되고 있다. 조금은 느리지만 모두 차근차근 열심히 임하고 있다.

리더들에게 노트북 사용방법도 알려주고 있다. 천천히 설명을 해주니 알아서 동영상도 재생시키고 다루는 방법을 익혀간다. 노트북에 5년 동안의 사업 자료들, 소중한 순간이 담긴 사진들도 정리해두었다. 리더들이 의견을 모아 우리가 떠난 뒤에도 영화 상영을 이어가기로 했다. 자주는 아니더라도 가끔, 할 수 있는 날까지 팡가웨 시네마를 진행하기로 했다. 새마을키 멤버들과 청년들이 의욕을 가지고 열심히 하고자 하니 다행이다.

노트북 사용을 연습해보는 멤버들

18

새마을 사업을 정리하며

이제 곧 마을을 떠나야 한다니 서운한 마음에 눈물이 흐른다.

마을 리더와 모로고로 공무원들에게 인수인계를 마치고 최종 활동 보고서를 작성하니 복잡한 마음이다. 시원섭섭한 마음일까. 이제는 진짜 팡가웨 리더들이 이전보다 책임감과 주도권을 가지고 사업을 이어나갈 수 있으니 이들에게는 더 값진 경험의 시간이 되지 않을까 싶다.

탄자니아에서 하루하루의 삶이 행복하지만 동시에 많은 준비와 노력도 필요하다. 나 자신과 싸움에서 이겨야 하고 열심을 위해 반드시 건강도 지켜내야 한다. 늘 안전생활에 신경을 곤두세워야 하고 지금까지 한국에서 살아왔던 문화와 생활방식을 완전히 내려놓고 이곳 문화에 적응하며 꾸준히 언어를 공부해야 한다.

한국의 삶과는 어쩌면 정반대인 이들의 문화와 다른 생활방식에 대해 편견을 갖지 않고 어울려야 한다. 어쩌면 나 자신보다 이들을 더 사랑할 수 있어야 가능한 일이라고 생각한다.

가장 아쉬운 것은 '사람'이다. 함께했던 많은 사람에게 단단히 정이 들었다. 많은 시간을 함께했던 새마을 리더들, 꿈에 그리던 아이들과 함께했던 많은 시간, 가족이 된 팡가웨 선생님들, 부모님처럼 늘 격려해주시고 사랑해주신 선교사님, 각기 다른 소속으로 왔지만, 서로에게 큰 힘이 되어준 모로고로 청춘들. 순간마다 우연히

만나 힘이 되어준 인연들까지. 이들과 헤어져야 한다는 것이 믿기지 않아 자꾸만 울컥하고 눈물이 흐른다.

걱정 많았던 마지막 5기의 역할, 인수인계, 출구전략, 어떻게 더 나은 마무리를 하고 나올 수 있을지 고민하며 나 자신을 보살피기에도 힘든 상황에서 고군분투했던 이상의 팀장님과 민정, 소연, 승호 모두 고생 많았다. 한 명도 낙오되지 않고 돌아갈 수 있게 되어 감사하다. 5기의 미션을 수행하는 것이 벅찼는데 시니어 팀장님이 역할을 잘하셨다고 생각한다.

탄자니아에 오기 전 NGO에서 근무하면서 NGO는 이렇게 돌아가고 이런 일을 한다는 것을 배웠다. 14개월 탄자니아에서 직접 현장 활동가로 살아보니 많은 것을 깨닫고 성장한 것 같다. 20대 청춘에 아프리카 현장 활동가가 되어 지역개발사업을 운영한 것은 정말 값진 경험이 될 것 같다.

현장 사업은 절대 독단적으로 이루어질 수 없다. 어느 한 사람이 똑똑하다고 또 경험만 많다고 해서 절대 성공적인 결과를 가져다주지 않는다. 너무나 많은 연결고리가 있고 다양한 이유로 현장 사업은 참 어려운 일인 것 같다.

그동안 지역개발 활동하면서 느낀 것들을 정리해보자면 가장 중요한 것은 현장 활동가 즉 사람의 마음이다. 왜 이 나라에 왔는지. 마음에 진정성이 무엇보다 중요하다고 생각한다. 특히나 아프리카 땅에서는 더욱 그렇다. 진정성 없이 왔다면 당사자도 힘들고 함께 있는 사람도 힘들다. '즐거

위하는 자들과 함께 즐거워하고 우는 자들과 함께 울라(롬12:15)'는 성경 말씀과 같이 살아 낼 수 있어야 한다. 이들을 진심으로 사랑할 수 있는지. 그래야 어려운 환경과 상황이 찾아와도 함께 살아갈 수 있다.

특별히 팀으로 들어오는 경우에는 어려움이 더 많다. 팀부터 협력하지 못한다면 마을 사람들이 뭘 배우며 새마을 정신을 어떻게 강조할 수 있겠는가. 쉽지 않지만 정말 중요한 부분이다. 그래서 나는 어떤 형태로든 개도국에 나가는 사람들이 있다면 무슨 생각으로 나가려고 하는 건지 진지하게 질문해보고 싶다.

그리고 중앙정부, 지방정부의 분위기와 흐름을 잘 알고 있어야 한다. 사업지역을 잘 이해하는 것은 기본이고 중앙정부와 해당 지방정부의 성격과 흐름을 파악하고 있어야 한다. 아무리 마을 단위 안에서 열심히 노력해도 결과적으로 지방정부의 협력이 없고 동태에 맞지 않는다면 나중에 큰 타격을 받을 수 있다.

내가 있는 모로고로의 경우 RAS Office 농업국이 우리 마을 사업을 담당한다. RAS의 성격만 봐도 모로고로, 탄자니아의 원조사업에 대한 태도와 동태를 파악할 수 있다. RAS Office에 자문 선생님과 이런저런 이야기를 나누다 알게 된 것이 있다. 실제로 선생님이 사무실에 있으면 공무원들에게 수많은 나라에서 원조사업 러브콜이 쏟아진다고 한다. 공무원들은 당연히 원조사업에 대해 배가 부를 수밖에 없는 처지다. 5년 동안 한 마을에서 고군분투를 하고 있지만, 더 큰 사업비를 가지고 도와주겠다는 러브콜에 공무원들은 마음이 흔들릴 수밖에 없다. 그러나 이것이 지방정부의 문제라고만 볼 수 없다. 탄자니아 전체의 현실이기도 하며 앞으로 서로가 풀어가야 할 숙제다. 일단 현지에 들어갔으면 끈질긴 인내심과 노력을 장착하고 있어야 한다.

그다음 뼈저리게 중요하다고 느낀 것이 '기후'다. 단순히 더워서가 아니다. 탄자니아는 우기와 건기로 온도 차가 있고 지역마다 날씨도 다르지만 내가 지낸 모로고로는 1년 내내 대부분 덥다. 그중에서도 정말 살이 타들어 갈 것같이 더운 시즌이 있다. 여하튼 이런 아프리카의 기후적 특성으로부터 야기되는 문제들이 많다.

앞에서도 이야기했지만, 기후로 인해 물 문제, 질병, 농사, 식문화까지 많은 것들이 연결된다. 현장 프로젝트를 이끌어가는 데도 정말 많은 영향을 끼치는 것이 기후다. 이 모든 것들이 연결고리다. 비마저도 이상 기후로 잘 내리지 않고 있다. 이 중 어떤 한 가지를 선택하여 무언가를 기획한다면 연결고리들과 변수를 반드시 생각해야 한다.

그리고 나라의 특성을 잘 알아야 한다. 역사부터 알아야 한다. 아프리카, 동아프리카, 탄자니아, 모로고로(지역), 팡가웨(마을), 부락(부족)의 역사와 문화를 반드시 잘 파악하고 이해해야 한다. 특히나 아프리카는 유럽의 식민 지배를 받은 대륙이라 역사를 알고 있는 것이 더욱 중요하다.

아프리카에 대해 오해하고 있는 것 중 하나가 아프리카 나라들은 다 똑같다고 생각하는 것이다. 날씨가 덥고 흑인들이 사니까 다 똑같다고 생

각한다. 아프리카의 많은 나라에서 새마을 프로젝트를 진행하고 있지만, 결과는 매우 다르다. 탄자니아만 봐도 그 지역마다 진행 과정과 성과가 다르게 나타난다. 아프리카는 부족 문화가 강하다. 자세히 보면 부족마다 사람의 성격, 생김새, 말투도 다르다. 그만큼 세심한 계획과 노력이 필요한 곳이 아프리카다.

왜 이 나라, 이 지역에서 이 프로젝트를 해야 하는지에 대한 설득력이 있어야 한다. 위에서 계속해서 말한 연결고리들을 다 따져봤을 때 이 지역에서 이 사업이 최적화된 것인가에 대한 충분한 시간과 조사가 이루어져야 한다. 사업 시작 전에야말로 폴레폴레 정신이 필요하다.

오래전 탄자니아에 '우자마'라는 운동이 있었다. 함께 협력하는 정신을 강조한 내용으로 한국의 새마을 운동과 비슷한 부분이 있다. '가족, 친척, 부족의 끈끈함이 장점인 탄자니아 문화를 살려 어떠함에 동기부여가 된다면 우리가 끊임없이 어떤 의식 교육을 하는 것보다 더 큰 열정으로 움직이지 않을까'라는 생각이 든다.

지난 5년간 한국 단원들이 팡가웨에서 현실적인 벽에 부딪혀가며 땀을 흘렸다. 사업을 마무리를 짓는 처지에서 활동해야 했기 때문에 조금은 다양한 시각으로 깨닫게 된 것 같다. 정말 값지고 소중한 경험인 것은 분명하다. 꿈꾸던 일들을 펼칠 수 있게 기회가 주어진 것에 감사할 뿐이다.

나도 똑같이 부족했고 현실적인 걸림돌 앞에 생각이 많았고 어떻게 풀어나가야 할지에 대한 고민을 수없이 했다. 탄자니아 사람들의 삶을 보면서, 함께 살아가면서, 이들의 문화를 보았을 때 '이런 순간 어떻게 이런 모습을 보이지?' 하며 속상하고 화가 나는 순간들도 있었지만 깨닫고 보니 나에게도 다 있는 모습들이었다. 이들은 허락도 없이 찾아온 한국인들을 편견 없이 웃으며 맞아주었다. 모든 것이 발버둥을 친다고 다 잘되는 것이 아니다. 이들 스텝에 맞게 이곳 환경에 맞추어 나가는 것이 중요하다. 5년간 함께 해온 과정들을 통해 이들도 그리고 팡가웨에 발자국을 남긴 모든 한국 단원들도 분명 성장했을 것이다.

우리가 떠나고도 이 마을에 남아있는 새마을, 코이카, 한국의 이름이 어떻게 평가받고, 어떤 모습으로 이어질지는 모르겠지만 부디 함께 노력했던 것들이 무너지지 않기를. 천천히, 스스로 방법을 모색하며 협동하는 모습으로 희망의 새날들을 써나갔으면 좋겠다.

다시 팡가웨 마을에 돌아오는 날에도 지금처럼 빛나고 아름다운 미소로 서로를 반갑게 맞아주며 인사하기를 간절히 바라본다.

Chapter 6

Beautiful
Tanzania

01

Morogoro의 숨은 보석

탁 트인 초원에서 맑은 공기를 마시며 웃을 수 있는 이 시간이 행복하다.

① 미쿠미 국립공원

모로고로 시내에서 한참을 달리다 보면 미쿠미 국립공원이 나온다. 미쿠미 국립공원은 모로고로에 머무는 여행자들이 많이 들리는 곳이다. 공원 구역마다 번호가 있고 어떤 동물들이 주로 머무는지 표기가 되어있다. 그런데 오늘은 생각보다 동물이 많이 안 보인다. 올 때마다 상황이 다르다고 한다. 어느 날은 정말 장관이고 사자도 많이 있다고 한다.

탁 트인 초원에 나와 맑은 공기를 마시는 것만으로도 기분 전환이 된다. 매의 눈으로 사자가 있나 없나 계속 바라보고 있는데 멀리서 사자 같은 것이 자꾸 움직인다. 카메라 줌을 당겨보니 사자 몇 마리가 숨어있다. 잠시 차를 세워 사자의 움직임을 따라가 보았다. 그런데 사자들이 조금도 움직이지 않는다. 그래도 나가는 길에 사자 형상이라도 본 것을 위안 삼는다. 세렝게티 투어에서는 꼭 탄자니아 야생 심바를 보리라!

② 우루구루 마운틴

모로고로는 산으로 둘러싸인 농촌 지역이다. 그 산이 바로 우루구루 마운틴. 너무 높아서 꼭대기까지 가는 것은 무리이고 혜지 언니의 안내로 '모닝사이트'까지 등산을 가기로 했다. 모닝사이트까지 가기도 쉽지 않다고 한다. 언니가 좋은 출발지점을 알고 있어 길이 난 곳으로 오르기 시작했다.

모닝사이트에서 바라본 모로고로

　몇 시간이 지나니 허벅지가 불타오른다. 더위에 온몸에선 땀이 줄줄 흐른다. 끝이 보일 것 같은데 안 보인다. 앞장서진 못해도 내 사전에 절대 포기란 없다! 부족한 체력이지만 정신력과 끈기는 뒤지지 않아 단체생활을 하면서 체력단련이나 등산에 한 번도 빠진 적이 없다.

　때마침 삐끼삐끼를 타고 쌩하고 지나가는 마을 사람들을 보니 조금 부럽기도 하다. 산언덕 곳곳에 집들이 보인다. 올라가며 마주치는 사람들에게 인사를 건넨다.

　드디어 모닝사이트가 보인다. 마지막 돌다리를 건너 오르니 오래된

집 하나가 나왔다. 집주인이 들어와 보라고 하여 잠시 집을 둘러보고 나와 눈 앞에 펼쳐진 풍경을 만끽했다. 사진도 찍고 앉아서 잠시 요기로 허기를 달랬다. 주변에 산딸기가 있어 물에 씻어 맛을 보았다.

지금 이 순간 시원한 소다 한 병 마시면 딱 맞는데… 현지인들이 왜 소다를 물처럼 많이 마시는지 이해가 간다. 탄자니아 무더위에는 아무리 물을 먹어도 갈증이 해소되지 않는다.

에너지를 충전하고 내려가기 시작했다. 내려가는 길에 폭포가 있다고 해서 잠시 들렀다 가기로 했다. 폭포까지 가는 길이 험난해 발바닥에 힘을 빡 주고 조심조심 내려갔다. 한참 걷다 보니 어디선가 물소리가 들린다. 조금만 더 힘을 내자!

드디어 폭포가 보인다. 굉장하다. 우루구루에 이런 폭포가 숨어있었다니… 소리만으로도 갈증이 해소되는 느낌이다. 손을 담가보니 물이 차다. 수건을 물에 적셔 얼굴에 덮고 양말을 벗어 발을 물에 담갔다. 소다를 안 먹어도 될 것 같다. 정말이지 사막에 오아시스 같은 곳이다.

내려가는 길은 조금 다른 길인가보다. 올라갈 때와는 다른 풍경이 눈 앞에 펼쳐졌다. 내려갈수록 큰 집들도 많다. 가다 멈춰 오줌 싸듯 똥을 싸는 염소들도 만나고 귀여운 동네 아이들도 만났다.

드디어 내려왔다! 종아리 근육은 딴딴히 뭉치고 다리 힘도 풀렸다. 그래도 오늘 하루 새로운 도전을 해보았다. 우루구루에서 바라본 모로고로의 푸르른 풍경은 최고였다. 아름다운 풍경을 보지 못했다면 후회했을 것. 오늘의 미션 클리어!

모닝사이트에 있는 집

우루구루의 오아시스

02

1, 4월의 Arusha

내일은 광활한 세렝게티 대자연에서 어떤 일이 벌어질까…

① 탄자니아에서 다시 만난 친구 Debora

한국에서 합숙 교육을 받을 때 통역이었던 탄자니아 친구 Debora. 체육대회를 마치고 다들 녹초가 되어 쉬는 시간에 데보라와 함께 긴 이야기를 나누었다. 알고 보니 우리는 동갑내기. 이야기를 나누다 보니 서로의 비전에도 공통점이 있어 무척이나 반가웠다. 데보라의 부모님은 탄자니아 아루샤에서 고아를 대상으로 학교를 세워 운영하며 목회도 하고 계신다.

데보라가 1월 방학 때 아루샤에 온다고 했다. 그래서 그때 다시 탄자니아에서 만나자고 약속을 했는데 어느덧 1월이 되었다. 그래서 팀장님과 함께 데보라와 가족들을 만나러 아루샤로 향했다.

모로고로에서 아루샤는 정말 멀다. 차로 12시간이 넘게 걸린다. 새벽 2시가 되어 겨우겨우 데보라와 만날 수 있었다. 다음 날 아침 일찍 데보라 부모님과 여동생, 남동생을 만나 인사를 나누고 함께 아침 식사를 했다. 화목하고 자상하고 사랑이 많은 가족의 모습을 보니 미소가 지어진다.

먼저 학교에 방문했다. 아이들이 마치 우리를 기다린 것처럼 몰려나와 격한 환영을 해준다. 귀엽고 발랄한 아이들을 보니 입가에 미소가 절로 피어난다. 선생님들과 인

마라나타 스쿨 아이들과

사를 나누고 학교 운영과 시스템에 관해 설명을 들었다. 고학년 아이들이 유치원 아이들을 직접 돌봐주고 챙겨주는 모습이 인상적이다. 꼬꼬마 아이들이 몸보다 큰 교복을 입고 걸어가는 모습이 너무 귀엽다.

배가 고파 시내 식당에 들어가 식사를 했다. 데보라 남동생도 함께 만났다. 키도 크고 공부도 잘하고 특히 음악을 좋아해 악기도 다룰 줄 안다고 한다. 동생도 한국 대학에 다니고 싶은 꿈이 있다고 하니 누나처럼 한국에 올지도 모르겠다.

아루샤 시내에서 놀라운 걸 발견했다. 그것은 바로 신호등. 탄자니아에 와서 신호등을 처음 봤다. 작동이 제대로 안 되는 것 같지만 정말 신기하다. 시내에 큰 마트도 있고 특히나 여행사들이 많다. 세렝게티를 가려면 반드시 아루샤 시내를 지나가야 해서 여행사가 몰려있는 것 같다. 그래서 거리에 외국인과 사파리 차도 많다. 날씨도 모로고로보다 훨씬 덜 덥다.

시내에서 조금 벗어나 박물관도 가보고 커피도 마시고 기념품 가게에서 그림 티셔츠도 구매했다. 저녁에 마지막으로 데보라 가족과 식사를 했다. 데보라도 오랜만에 부모님을 만나 행복해 보인다. 이야기를 나눌수록 보면 볼수록 참 좋은 분들임이 느껴진다. 한국에서의 인연으로 다시 탄자니아에서 만난 데보라. 건강한 모습으로 다시 한국에서 만나기로 약속했다.

세렝게티 입구에 들어서자마자 만난 사자

② 광활의 끝 : 세렝게티 국립공원 & 응고롱고로 크레이터

　동기들과 함께 세렝게티 투어를 떠나는 날이다. 머나먼 여정이지만
아프리카 탄자니아의 상징인 세렝게티를 볼 수 있다는 마음에 설레고 들
떴다. 그런데 새벽부터 폭우가 쏟아지더니 6시에 출발하기로 했던 여행
사 직원이 8시 30분이 되어서 나타났다. 생각보다 일정이 늦어졌다.

　Msata에서 다솔, 혜빈을 픽업해 아루샤로 향했다. 역시 아루샤는 멀
고 멀다. 아루샤에 도착하니 캄캄한 밤이다. 비가 와서 그런지 바람도 많
이 불고 공기도 쌀쌀하다. 예약된 숙소를 찾아가 명순 언니를 만났다. 숙

소 식당에서 간단히 식사하고 이동으로 지쳤던 긴 하루를 마무리했다.

다음 날 아침, 아루샤 마트에서 사파리 일정에 필요한 것들을 사고 세렝게티를 향해 출발했다. 세렝게티가 아루샤에서 가까운 줄 알았는데 아닌가 보다. 굽이굽이를 넘어도 세렝게티가 보이지 않는다. 한참을 계속해서 산언덕을 넘자 광활한 마사이 마을이 보인다. '아, 정말 이곳이 탄자니아구나'라는 말이 절로 나온다.

비 때문에 물이 고여 다리를 건너지 못하고 있는 마사이 청년들이 우르르 몰려와 갑자기 우리 차량에 올라탔다. 기사가 아무 일도 아니라는 듯 말없이 다리를 통과한다. 세렝게티 입구에 가까워지니 길가에 덩치 큰 동물들이 하나둘 보인다. 드디어 세렝게티 입구에 도착했다! 정말 입이 떡 벌어진다. 차에서 내려 끝없이 펼쳐진 세렝게티 초원 위에 발을 디뎠다. 맑고 푸른 하늘과 끝없이 펼쳐진 세렝게티 초원의 풍경을 마주하다니! 모든 풍경이 그저 감탄의 연속이다.

기념사진을 남기고 다시 사파리 차량에 올랐다. 그런데 이게 웬걸 들어가자마자 사자를 만났다. 조금 전까지 배를 채웠는지 나른한 표정에 배가 아주 볼록하다. 잠시 목을 축이는 사자들을 지켜보고 다시 길고 긴 세렝게티 공원길을 따라 들어갔다.

벌써 저녁 시간이다. 오늘은 아쉽지만, 저녁을 먹고 숙소로 돌아가 일정을 마무리해야 한다. 그런데 식당 이름이 'WEMA BAR' 주인 이름이 Wema인가 보다. 내 스와힐리어 이름 역시 Wema! 반가운 마음에 식당 앞에서 사진을 찍었다. 오늘도 식사는 칩시 마야이. 세렝게티를 다녀온 단원들이 여행 내내 칩시 마야이만 먹었다고 했는데 우리도 그렇게 될 것만 같다.

저녁을 먹고 롯지로 향했다. 그런데 기사가 차에서 내릴 때 소리를 내지 말고 재빨리 숙소로 들어가란다. 밤이 되면 어두워서 어디에 동물이 숨어있을지 몰라 위험하다는 것. 껌껌해지면 절대 숙소에서 나오면 안 된단다. 그래서 그런지 주변 롯지들이 전부 철창으로 단단히 보안 조치를 해둔 모습이다.

숙소 마당에서 철창 너머를 바라보니 뭔가 어슬렁어슬렁 지나가는 실루엣이 보이는데 저게 사자인지 표범인지 알 수가 없다. 그러니 더 궁금하다. 내일 아침 일찍 일어나 인생에서 다시 있을지 모르는 세렝게티 일출을 감상해야겠다.

새벽 일찍 일어나 세렝게티에서 첫 번째 아침을 맞이했다. 드넓은 초원과 바오밥나무들이 담긴 세렝게티의 일출을 사진에 담지 않을 수 없다. 오늘부터 본격 사파리 투어 시작! 다행히 날씨가 좋다. 4월의 세렝게티가 가장 아름다운 이유는 동물들이 대이동을 하기 때문이다. 동물들이 탄자니아 세렝게티에서 케냐 마사이마라로 대이동을 한다.

세렝게티의 Big Five는 사자, 표범, 코끼리, 버펄로, 코뿔소. 세렝게티를 가면 꼭 Big Five를 보고 오라고 덕담을 해준다. 과연 우리도 Big Five를 다 볼 수 있을까? 세렝게티에 가장 많은 동물은 얼룩말과 임팔라. 임팔라는 입구에서부터 계속해서 마주친다. 얼룩말은 봐도 봐도 예쁘고 아름답다. 세렝게티의 코끼리는 덩치도 남다른가 보다. 모로고로에서 만났던 코끼리보다 덩치가 엄청 크다.

사파리 차량 천장을 오픈하고 일어나 더 가까이에서 동물들을 살펴보았다. 사자는 초원 색과 비슷해 눈을 더 크게 뜨고 살펴봐야 한다. 나는 누구보다 열심히 사자를 찾고 찾았다.

사자를 찾다 하이에나 무리를 발견했다. 덩치는 작지만 검은 눈빛이 강렬하다. 돌아보니 누 떼와

버펄로도 보인다. 버펄로는 뿔이 참
신기하고 재미있게 생겼다. 하마를
찾으러 가는 길목에서 기린 떼를 만
났다. 탄자니아 기린은 언제 봐도 우
아하고 예쁘다. 마침내 하마가 물에
서 모습을 드러냈다. 우악스럽게 움
직이며 큰 소리를 내더니 입을 벌리
며 똥을 와장창 싼다. 세렝게티 한복

판에서 탄자니아 하마 똥 구경까지 하다니 이거 행운인 건가?

또 다른 길을 따라가다 사파리 차량이 몰려있는 것을 발견해 그쪽으
로 방향을 틀었다. 가이드가 돌 언덕 위에 표범이 숨어있어 사람들이 모
여든 것이란다. 그런데 눈을 씻고 찾아봐도 표범이 보이지 않는다. 저쪽
에서는 봤다고 소리를 치는데 우리 눈에는 표범이 안 보인다. 이러니까
더 보고 싶다. 한참 표범을 찾다 지쳐 우리는 다시 심바를 찾아 나섰다.
명순 언니는 코뿔소에, 나는 오로지 심바에 꽂혔다.

그런데 내가 진짜 심바를 찾아냈다! 숲 사이에 몸을 낮춰 누워있는 사
자. 차를 멈추고 카메라 줌을 당겨보니 정말 사자 그것도 무리가 숨어있
다. 분위기가 심상치 않다. 숨은 암사자 무리 쪽에 버펄로 몇 마리가
몰린 상황. 암사자 무리가 사냥을 위해 작전을 짜고 있다. 모두 흥분하
기 시작했다. 잠시 후, 우리 차량 주변으로 다른 차들이 몰려들어 이

사파리 차량 앞을 지나가는 사자

곳이 순식간에 핫플레이스가 됐다. 카메라를 비디오 모드로 맞춰놓고 숨을 죽이고 지켜보았다.

순식간에 판이 커졌다. 숲에 숨어있던 사자들은 잠복하고, 우리 차량 바로 뒤뜰에서 암사자 대가족 무리가 어슬렁어슬렁 줄지어 다가오고 있다! 엄청난 사자무리들이 매서운 눈빛으로 우리 차량 바로 앞까지 다가왔다. 사자 눈을 가까이서 마주치니 심장이 두근두근 뛴다. 눈을 보니 이러다 우리 차를 공격하는 거 아닌지 하는 생각이 든다.

단원들과 주변 사람들 모두 흥분했는데 소리는 내지 못하고 발을 동동 구르며 상황을 지켜보았다. 아기 사자들까지 합세하여 버펄로를 막아

일촉즉발 대치 중인 사자와 버펄로

서는 행렬로 사자들이 방향을 바꾸어 전진했다. 그때 앞에 숨어있던 암
사자들이 서서히 움직이더니 버펄로를 향해 질주한다. 과연 이 싸움의
승자는 누가 될 것인가! 암사자들이 버펄로를 쫓아 덮치기 시작. 눈치챈
버펄로가 쏜살같이 도망가는데 생각했던 것보다 버펄로의 속도가 빠르
다. 앞서가던 버펄로는 도망을 쳤고, 뒤에 섰던 버펄로 한 마리가 결국 먹
잇감이 되었다. 덩치를 비교하면 버펄로가 훨씬 크지만, 이것이 바로 야
생의 서열인가보다. 정말이지 내셔널지오그래픽에서나 보던 사자 사냥
을 코앞에서 목격했다. 보고도 믿기지 않는다. 배를 채운 사자들은 다시
흩어졌다. 사자를 따라 우리도 천천히 이동했다.

이동 중인 얼룩말과 누

세렝게티는 정말 드넓고 아름답다. 정말 이곳이 아프리카라는 것이 오감으로 느껴진다. 다른 쪽으로 다시 지나가는데 여기도 분위기가 심상치 않다. 한쪽에 누, 한쪽에 얼룩말 무리가 떼로 몰려있다. 우리는 가까이 다가가 차를 멈추고 지켜보았다. 무리를 지어있던 얼룩말과 누 떼들이 계속해서 오른쪽에서 왼쪽으로 이동을 한다. 줄이 끝없어 보인다. 그렇게 이동을 하다가 잠시 쉬고, 또다시 이동하는 것이 바로 4월 대이동이라고 한다. 걸어가던 동물들이 갑자기 뛰기 시작한다. 동시에 아름다운 장관이 펼쳐진다. 누와 얼룩말이 섞여 수평선을 지으며 폴짝폴짝 뛰어간다. 끝을 찾아봐도 끝이 안 보인다. 때마침 석양이 진다. 차를 멈추고 그림 같은 세렝게티의 석양을 만끽했다.

　해가 지는 세렝게티를 바라보며 숙소로 향했다. 내일이면 세렝게티를 떠나야 한다니 아쉽기만 하다. 마지막 사진 한 장이라도 더 남겨야지 하는 마음으로 사진을 찍으며 숙소로 돌아왔다. 오늘 하루를 되새겨보니 꿈만 같다. 우리는 저녁 내내 사자 사냥 목격담으로 담소를 나누며 코뿔소와 표범을 보지 못한 아쉬운 마음을 달랬다. 내일은 또 탄자니아 대자연에서 어떤 일이 벌어질까 기대가 된다.

언덕 위에서 바라본 응고롱고로 분화구

③ 응고롱고로 크레이터

세렝게티를 나와 굽이굽이 길을 따라가다 보면 응고롱고로 분화구라는 엄청난 뷰 포인트를 마주하게 된다. 세렝게티를 떠나는 게 너무 아쉽고 이보다 더 광활하고 아름다운 풍경이 있을까 생각했는데 언덕 위에서 분화구를 마주하는 순간 생각이 달라졌다. 정말 엄청난 크기의 분화구다. 신비함과 고요함이 느껴진다. 대자연 한가운데 서 있는 느낌 그 자체다. 말로 표현하기 어려운 응고롱고로 대자연의 기운이 느껴진다.

응고롱고로의 드넓은 초원

　이게 끝인 줄 알았는데 차량을 따라가니 응고롱고로의 엄청난 초원
이 펼쳐진다. 세렝게티와는 다른 공기, 다른 색깔이다. 엄청난 크기의 코
끼리들도 보인다. 초입에서 마사이들이 동물들을 이끌고 지나가는 모습
이 인상적이다. 세렝게티에서 봤던 동물들도 보이고, Big Five 중에 보지
못했던 코뿔소가 있을까 하는 기대감이 생긴다.

　응고롱고로의 진풍경은 바로 동물들이 큰 웅덩이에 원을 두르며 물
을 마시고 있는 모습이다. 응고롱고로의 선명한 초원을 달리다 보니 가

족들과 다시 와보고 싶다는 생각이 든다.

아쉽지만 응고롱고로의 대자연을 뒤로하고 다시 아루샤 시내로 향했다. 차도에서 거대한 코끼리가 앞을 막아 잠시 코끼리 구경을 했다. 'This is Tanzania'인 순간이다. 동화책에서 보았을 법한 귀여운 당나귀들도 마을 곳곳에 보인다.

배꼽시계가 울려 시내 식당에 들어갔다. 좀 전에 아루샤 맛집을 검색하다 아루샤에 하얀 짬뽕이 있다는 글을 발견했다. 며칠 내내 기름진 칩시 마야이만 먹어 뜨겁고 얼큰한 국물이 너무 먹고 싶었다. 그런데 이 식당, 데보라 가족과 왔던 곳이다.

메뉴판을 잘 찾아보니 하얀 짬뽕 그림이 정말 있다. 잠시 후 정말 하얀 국물의 면이 담긴 음식이 나왔다. 새우, 채소 등 건더기도 듬뿍 들어 있다. 과연 맛은? 괜찮다. 살짝 매콤한 맛도 나고 맛있다. 기름진 쿠쿠와 칩시 마야이만 먹다 뜨끈한 국물을 먹으니 살 것 같다. 세렝게티 사파리 대장정은 이렇게 아루샤 하얀 짬뽕으로 깔끔하게 마무리되었다.

아루샤 하얀 **짬뽕**

03

탄자니아의 스위스, Lushoto

Lushoto, Irente View Point

단원들이 다녀온 후 극찬하는 곳, 바로 루쇼토. 탕가 우삼바라 산 골짜기에 탄자니아의 스위스라고 불리는 곳이다. 유명한 뷰 포인트가 있어 탄자니아에 살아본 사람이라면 반드시 그곳에서 찍은 사진을 가지고 있다.

명순 언니, 소연이와 응고롱고로 일정을 마치고 므왕가 시골에서 1박을 하고 루쇼토 일정을 이어갔다. 굽이굽이 산골짜기 언덕을 올라가며 마을을 살펴보는데 사람들의 표정이나 행동들이 평안해 보인다. 차에서 내려 롯지 식당에서 밥을 먹고 드디어 이렌테 뷰 포인트를 향해 올라갔다. 사진으로만 보았던 아름다운 뷰가 눈앞에 펼쳐졌다. 다행히 날씨도 좋아 풍경이 선명히 보인다.

앞에서 중동 아저씨들이 시끌벅적 사진을 찍고 있어 차례를 기다리고 있는데 아저씨들이 같이 점프 샷을 찍자고 권해 엉겁결에 사진을 찍었다. 아저씨들이 나가고 언덕 끝쪽으로 다가가 보았다. 아찔한 높이다. 그림 같은 루쇼토의 맑은 풍경이 한눈에 들어온다. 천천히 풍경을 감상하며 사진도 찍고 한참 시간을 보냈다. 이곳에서 조금 내려가 보니 또 다른 뷰 포인트가 있어 잠시 앉아 루쇼토의 일몰을 감상했다.

루쇼토의 새벽 / 루쇼토 숙소 - 텐트

밤이 되니 온도가 뚝 떨어져 쌀쌀하다. 산꼭대기라 공기가 더 차다. 텐트를 치고 바지를 두 겹, 상의도 두 겹씩 껴입고 누웠는데도 등골이 오싹하다. 조금 누웠다 잠이 오지 않아 마당에서 루쇼토의 밤하늘을 바라보았다. 쏟아질 듯한 별빛이 사방에서 반짝인다. 탄자니아 밤하늘의 별은 불빛과도 같다. 어둠 속의 빛처럼 환하게 반짝인다. 별빛 아래에서 이런저런 이야기를 나누며 또 하나의 추억이 만들어졌다.

루쇼토가 왜 이렇게 아름다운지, 잊을 수 없는 곳인지 알 것 같다. 아름답게 반짝이는 평화로운 루쇼토의 밤이여 안녕.

04

Iringa에는 특별한
무언가가 있다

나는 왠지 모르게 차분하고 평화로운 이링가가 좋다.

이링가는 탄자니아 중남부에 있다. 모로고로에서 버스로 6시간 정도 걸린다. 이링가는 탄자니아에서 가장 날씨가 좋고 살기 좋은 지역으로 평판이 자자한 곳이다. 여기서는 신기하게 음치나 소리를 듣지 않는다. 터미널에서 사람들이 달라붙지도 않는다. 다른 지역보다 차분하고 잔잔하고 평화롭다.

나는 왠지 모르게 이런 이링가가 좋다. 이튿날 잔지바 단원들과 만나 택시를 타고 이시밀라를 갔다. 도착하여 가이드와 함께 이시밀라 스톤에이지 투어에 나섰다. 스톤에이지는 탄자니아의 그랜드 캐니언으로 불리는 곳이다. 이시밀라 스톤에이지는 암석이 침식작용에 따라 모양이 변형된 것이라고 한다. 언뜻 보기에 송이버섯 모양 같기도 하다. 탄자니아에 이런 곳이 있는 것이 신기하다. 가이드 말을 들어보니 한양대학교 고고학과 학생들이 이시밀라에 왔었다고 한다. 이링가에 왔다면 꼭 한 번 가볼 만한 곳이다.

키로로 산, 무늬가 새겨진 돌벽

키로로라는 산 언덕배기 돌에 그림이 그려진 유적이 있다고 하여 한 번 보러 가보기로 했다. 가기 위해 달라달라를 탔는데 갑자기 달라달라 기사가 손님이 너희뿐이라며 차를 대여해 우리끼리 타고 가자며 제안했다. 지리도 잘 몰랐던 참이라 그렇게 하기로 했다. 도착했는데 어디가 입구이고 어떻게 들어가야 하는지 몰라서 알아보다가 갑자기 길을 지나가던 아저씨가 이곳에 가려면 돈을 내고 가야 하고 마을 이장을 만나야 한단다.

뭐가 사실인지 모르는 마당에 시간은 계속 흘러갔다. 어쩔 수 없이 운전기사의 안내로 마을 이장을 만나러 출발했다. 그런데 웬걸 마침 마을 회의가 있는 날이라 온 동네 사람들이 한자리에 모여 있다. 이장에게 산에 올라가고 싶다고 이야기했더니 사람들이 하도 유적물을 훼손시켜 오늘부터 입장료를 받는단다. 우리는 결국 돈을 내고 마을 리더의 안내를 받으며 산에 올랐다. 산을 오르는 길이 무척 가파르고 험난하다.

그런데 말을 들으면 들을수록 설명을 해주는 아저씨도 이곳에 대해

Neema Cafe　　　　　　　　　　　　그리스 식당 베스트 메뉴, 딸기 크레이프

잘 모르는 것 같다. 투어 고객이 처음이라서 그런 걸까. 큰 돌벽에 작은
그림과 무늬들이 곳곳에 새겨져 있어 신기했다. 한참 설명을 듣고 바위
위, 뷰 포인트에 올라갔다가 다시 내려오는 것으로 투어가 마무리되었
다. 뭔가 정신없었지만 재밌는 투어였다.

　　단원들과 함께 이링가의 가장 유명한 그리스 식당으로 갔다. 식당 주
인이 그리스 아줌마다. 그리스식으로 음식을 하는데 그중 가장 유명하고
맛있는 음식은 바로 딸기 크레이프. 정말 맛있다. 배부르게 음식을 먹고
나니 어둑어둑해졌다. 내일 아침 마투마이니에서 만나기로 하고 숙소로
돌아왔다.

미혼모들이 운영하는 Matumaini Centre

아침 일찍 마투마이니로 향했다. 이곳은 미혼모 마마들이 봉제 기술을 배워 인형, 지갑, 파우치, 옷, 가방 등을 만들어 파는 곳이다. 오늘 이곳에서 한국에 가져갈 선물을 사기로 했다. 노트북 가방도 구매하고 사촌 동생들에게 줄 동물 인형 등 선물을 할 수 있을 만한 것들을 구매했다. 잔지바 단원들도 선물용으로 엄청나게 구매를 했다.

짐을 놓고 네마 크래프트로 향했다. 1층에는 Shop이 있고, 2층에는 카페, 그리고 숙소가 있다. 이곳은 장애가 있는 직원들이 핸드메이드

제품을 만들어 운영한다. 카페 일도 역시 마찬가지다. 마투마이니보다는 세련된 숍 분위기이고 가격도 비싸다. 숙소를 예약하지 못한 아쉬움을 카페에서 달래고자 했는데 손님들이 많아 자리가 없다. 내려갔다 다시 올라가 보니 한 자리가 생겼다. 케이크와 커피 한 잔을 시켜 여유 있게 쉬고 싶었는데 계속해서 사람들이 북적여 금방 일어났다. 가게 앞에 사파리 차량을 보니 이링가 루하에 사파리 투어를 가는 외국인들이 많이 온 것 같다.

네마에서 멀지 않은 마사이 마켓을 찾아갔다. 이곳은 핸드메이드로 만들어진 기념품들이 많다. 젬베도 사고 싶은데 한국까지 가지고 갈 수 없을 것 같아 포기했다.

잔지바 단원들이 도도마로 떠났다. 나는 오늘 하루 더 이링가에서 자고 내일 아침 모로고로로 떠난다. 이제 이링가에서 마지막 하루라고 생각하니 섭섭한 마음이 든다. 언제 다시 이곳에 와볼 수 있을까. 해가 지기 전에 동네를 산책하며 이링가 풍경을 눈에 담았다. 지나가다 반갑게 인사해주는 사람들, 학교, 교회, 병원도 보인다. 벌써 그립다. 잔잔하고 평화로웠던 이링가가 많이 생각날 것 같다.

세상에서 가장 아름다운 섬,
Zanzibar

뜨겁디뜨거운 태양 아래, 맑게 펼쳐진 옥색의 바다를 바라보니 저절로 힐링이 된다.

잔지바의 꽃인 아름다운 비치에서 수영도 하고, 유명한 김치말이 국수도 먹어보기로 계획했다. 살이 익을 것 같은 8월의 잔지바 날씨다.

명순 언니 덕에 달라달라를 타고 파제 비치까지 잘 도착했다. 파제 비치 일식당에서 일명 김치말이 국수를 팔고 있어 단원들 사이에서 유명하다. 그리고 바다 위 레스토랑도 유명하다. 물이 차 있을 때는 배를 타고 레스토랑으로 들어간다. 우리가 도착했을 때는 물이 빠져있었다. 바다 위의 레스토랑 'The Rock'에 올라가 보았다. 아직 영업 전이라 음식은 주문할 수 없었지만, 오픈 테라스에서 아름다운 파제의 풍경을 만끽했다. 정말 아름답다. 잔지바! 뜨겁디뜨거운 태양 아래 믿기지 않는 풍경에 감탄할 뿐이다. 아름다운 하늘과 파제 비치의 맑은 바다를 마주하니 힐링이 된다.

천천히 해변을 따라 걷다 보니 김치말이 국수 식당이 보인다. 설레는 마음으로 김치말이 국수를 주문했다. 과연 어떤 맛일까. 일단 비주얼은 합격. 얼음이 들어간 시원한 국물부터 맛을 보았다. 태어나서 이런 맛은 처음이다. 언뜻 김치가 들어간 시원한 잔치국수 같은데, 조금 다른 맛이다. 국물 맛은 우동 맛과 더 비슷한 것 같다. 채소들이 듬뿍 들어가 있어 상큼하고 시원한 맛이 더해진 것 같다. 내 입에도 합격!

감동적인 김치말이 국수

든든하고 만족스러운 식사를 마치고 여유롭게 해변을 거닐었다. 바닷

옥색 빛깔 파제 비치

가에 사람이 별로 없다. 언니 말로는 잔지바에 하도 유명한 비치가 많아서 파제 비치에 상대적으로 사람이 적게 오는 것이라고 한다. 그래서 조용하고 깨끗한 것 같다. 바닷가를 걷는 사람 몇 명, 그리고 바다 위에서 레저를 즐기는 몇몇 정도만 보인다. 맑고 투명한 옥색 빛깔을 바라보니 이곳을 떠나기 아쉽기만 하다.

다음 날, 능위 비치로 향했다. 능위 비치에서 1박을 하고 물놀이도 하기로 했다. 그런데 날씨가 영 안 좋다. 바람도 많이 불고 비가 오다 그쳐 잔뜩 구름이 꼈다. 일단 숙소부터 예약했다. 그런데 능위는 파제와 달리 관광객이 엄청나게 붐빈다. 암만 봐도 동양인은 우리뿐인 것 같다. 대부분 유럽에서 휴가 온 젊은 친구들이 많고 젊은 커플부터 노부부까지 커플이 많다. 아름다운 비치와 커플들을 바라보니 신혼여행을 와도 좋을 것 같은 생각이 든다.

드디어 수영복을 입고 수경까지 챙겨 나왔다. 그런데 아뿔싸 갑자기 수경 중간다리가 부러졌다. 그래도 수영은 해야지! 숙소 앞에 작은 풀장이 있어 먼저 몸을 풀기로 했다. 소연이는 물 만난 고기 마냥 신났다. 나도 나름 1년의 수영강습 경력이 있는데 너무 오랜만이라 그런지 어색하다. 그래도 물에 몸을 담그니 더위가 가신다. 풀에서 놀다 바나나보트를 타기 위해 투어를 알아보러 나섰다. 길가에서 서성거리는 청년들이 대부분 보트나 레저스포츠를 홍보하는 이들이다. 그런데 바나나보트는 최소 3명 이상 태워준단다. 어찌해야 할지 고민하는 틈에 다른 2명과 함께 탈 수 있게 되어 그렇게 하기로 했다. 투어에서 제공하는 차를 타고 우리가 있던 해변의 반대편 쪽으로 향했다.

우리와 함께 보트를 타게 된 친구들은 스페인에서 잔지바로 여행을 왔다고 한다. 슬슬 속도를 내어 바다 위를 달리기 시작하니 겁도 나고 재미도 있다. 갈수록 속도가 빨라지더니 보트를 끄는 청년이 일부러 방향을 이리저리 비틀기 시작한다. 한참을 소리치며 물에 빠지기를 반복. 자꾸 빠지니 재미에 들렸나 보다. 뒤에 탄 애들이 계속 빠뜨리려고 장난을 쳤다. 나중에는 보트에 올라갈 힘마저 소진됐다.

깊은 바다 한가운데를 가르며 지나가는 느낌이 너무 좋다. 기대했던 것보다 재미있었다. 아쉬움을 뒤로하고 배를 타고 숙소 쪽으로 돌아갔다. 때마침 석양이 진다. 깊은 바다 한가운데 배 위에서 잔지바의 아름답고 뜨거운 석양을 마주한다. 짧지만 강렬한, 잊지 못할 또 하나의 순간이다.

파도 소리를 배경음악으로 능위 비치 모래사장 위에서 저녁을 먹었다. 밤이 되니 물이 많이 차고 파도도 더 거세졌다. 비치를 따라 쭉 이어진 음식점들에 사람들이 여전히 북적인다. 모든 사람의 표정이 행복해 보이기만 한 밤이다.

잔지바에서의 짧지만 잊지 못할 추억이 생겼다. 글로 남기지 못한 이야기들까지 훗날에도 기억나는 인생의 한 페이지가 되어있을 것 같다. 뜨거웠던 8월의 잔지바여, 안녕.

능위 비치의 아침

Chapter 7

Kwaheri,
Tanzania

Africa

Tanzania

01

눈물의 달라달라

팀장님과 마을 가는 길 – 오토바이를 타고 집에서 시내까지 나가고,
달라달라를 타고 팡가웨 버스정류장에 내린 뒤, 오토바이를 또 타고 들어간다.

　　모든 인수인계가 끝나고 사업 차량도 기관에서 인수했다. 9월부터는
귀국 준비를 하며 개별적으로 자유롭게 마을에 왔다 갔다 하기로 했다.
평일에는 사업 차량으로 다녔지만, 주일에는 팀장님과 달라달라와 삐끼
삐끼를 몇 번씩 타고 팡가웨 교회를 다녔다. 흙먼지를 뒤집어쓰고 온몸
이 들썩거리며 마을을 오고 가는 일도 이제 진짜 얼마 남지 않은 것을 생
각하니 울적해진다.

　　오늘은 혼자 마을에 들어갔다. 일 년 동안 이곳에서 지낸 날들이 파
노라마처럼 스쳐 간다. 간절한 마음으로 이곳에 첫발을 내디뎠는데 벌써
돌아갈 시간이 왔다는 것이 믿기지 않는다. 무엇보다 정든 마을 사람들
과 아이들, 매주 갔던 교회까지 헤어질 것을 생각하니 자꾸만 눈물이 맺
힌다. 내 마음은 온전히 이곳에 있는데 이제 돌아가야 한다니…

02

후배 단원과의 만남 :
회계교육

어느덧 우리의 뒤를 이어 활동을 할 새마을 지역개발 단원들이 도착했다.

1년 전, 모로고로 언어학교에서 선배 단원으로부터 회계교육을 받았다. 어느덧 우리의 뒤를 이어 활동을 할 단원들이 탄자니아에 도착했다. 사무소 선생님의 요청으로 내가 회계교육을 하게 되었다. 1년 전만 해도 회계에 대해서 무지했던 나인데 어느덧 활동 마무리를 하며 후배 단원에게 회계교육까지 하게 되니 감회가 새롭다.

어떻게 강의해야 할지 고민을 하다가 그동안 회계를 하면서 가장 중요한 것들, 어려웠던 것들, 주의해야 할 것들을 정리하여 자료를 만들었다. 처음 강의를 들었을 때 막막했었던 것들을 떠올리며 조금이라도 더 도움이 되기를 바라는 마음으로 준비했다. 우리 때만 해도 단원들이 많아 20명이 교육을 받았는데 5기로 두 팀의 활동이 끝나게 되어 후배 단원이 몇 명 없다고 한다.

토요일 아침 일찍 노트북과 자료들을 가지고 언어학교 교실로 들어갔다. 동기들과 스와힐리어 공부를 했던 교실에 다시 오니 감회가 더 새롭다. 토요일이라 학교가 조용하다. 유치원 아이들과 선생님들을 볼 수 없는 것이 아쉽기만 하다. 세팅을 마치고 드디어 단원들과 만났다. 반갑게 인사를 나누고 회계교육을 시작했다.

강의가 끝나고 내가 만들었던 회계자료를 보여주며 질의응답 시간을 가졌다. 2시간 강의를 듣고서 다 이해하기는 어렵다. 실제 프로젝트를 진행하면서 직접 업무를 해보면 하나하나 알게 되고 익숙해지므로 너무 큰 부담을 갖지 말라고 이야기했다. 현지 활동과 생활에 대해서도 질문이 많아 이야기해주었다.

임기종료를 앞두고 다시 언어학교에 와서 새로운 단원들에게 회계 강의도 하고 추억이 많은 학교를 다시 둘러보니 감회가 새롭다. 학교를 떠나는 발걸음에 자꾸만 뒤돌아보게 된다.

03

팡가웨 초등학교 송별회

사랑하는 팡가웨 선생님들과 함께

선생님들과 송별회를 하기로 한 날. 오늘은 3학년 교실에 들어가 아이들과 인사를 나누었다. 3학년 학생 중에 나에게 특별한 아이가 있다. 무싸는 2학년 때 같이 수업을 한 아이다. 조용한 성격이지만 열심히 최선을 다하는 무싸. 칭찬을 해주니 적극적으로 변하는 모습이 보여 좋았다. 무싸는 무디와 친척이기도 하다. 그래서 무디를 친형처럼 잘 챙겨준다. 정든 아이들과 헤어져야 한다니 말로 표현하지 못할 만큼 섭섭하고 슬프다.

교무실에 가서 치티 선생님과 이야기를 나눴다. 늘 미소로 날 반겨주는 치티 선생님. 한국에 돌아갈 이야기를 나누다 선생님이 곧 퇴직한다는 사실을 알았다. 올해로 60세라 9월까지만 학교에 계신단다. 서운한 마음이 든다. 항상 교무실 문 앞에서 '카리부 웨마!' 하며 반겨주신 치티 선생님이었는데. 치티 선생님께 베나드 선생님 안부를 물어봤다. 이제 조금씩 걷고 있고 내년쯤에 다시 학교로 돌아올 것 같다고 한다. 학교에서 베나드 선생님을 다시 만나진 못했지만, 회복이 잘 되고 있다고 하니 정말 다행이다.

선생님들이 직접 만든 음식

Rose 선생님이 제1 교무실로 오라고 해서 교무실로 향했다. 그런데 이게 웬걸 선생님들이 나를 위해 직접 교무실 뒤에서 요리하셨단다. 쿠쿠와 샐러드, 감자요리에 소다까지 뷔페식으로 밥을 차려주셨다. 모두 모여 인사하고 송별회 하는 것으로 생각했는데 마지막까지 감사한 선생님들이다.

선생님들과 모여앉아 정성이 담긴 식사를 함께했다. 송별회라고 특별히 교장 선생님 옆자리에 앉아서 먹었다. 선생님들 한 명 한 명 얼굴을 바라보았다. 아파서 못 나오신 선생님도 계시고, 회복하고 있는 베나드 선생님까지 함께했던 팡가웨 선생님들의 얼굴이 모두 떠오른다.

특별한 식사를 마치고 교장 선생님의 말씀을 뒤이어 Rose 선생님의 사회로 송별회를 시작했다. 일어나서 선생님들에게 감사 인사를 전했다. 선생님들도 한마디씩 인사를 전했다. 그동안 팡가웨 초등학교에서 근무했던 단원들과 코이카에도 고맙다고 하셨다. 그리고 탄자니아 노래를 불러주셨다. 송별회 때 부르는 노래인가보다. 노래를 부르며 갑자기 선생님들이 중앙으로 나오더니 선물을 건네며 캉가를 펼쳐서 어깨에 둘러주

선물 주시는 선생님들

신다.

'Wema anapenda sana watoto(Wema는 아이들은 정말 사랑해)' 선생님의 한 마디. 이 한마디가 왜 이렇게 고마운지. 내가 이곳에 온 가장 큰 이유는 아프리카 아이들을 사랑해서다. 그런 내 진심이 지난 시간 동안 이들에게 전해졌다는 건 정말 감사한 일이다.

선생님들과 함께 화단 앞에서 단체 사진을 찍었다. 언제나 나를 미소 짓게 해주시는 가족 같은 팡가웨 선생님들. 꿈같았던 아니 꿈을 이룬 이곳에서의 잊지 못할 시간. 선생님들과 아이들 모두 너무나 보고 싶고 그리울 거 같다. 떠나지 않았는데도 보고 있는데도 그립고 애틋하다. 고맙고 사랑해요. 팡가웨 초등학교!

제2 교무실 선생님들과

04

무디야, 어디 갔니?

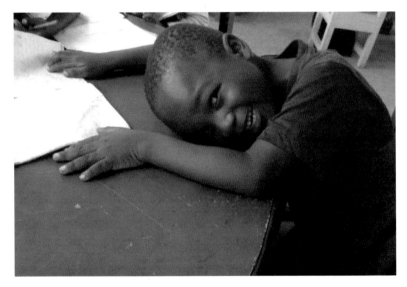

내 사랑 무디야, 우리 꼭 다시 만나자!

아이들과 함께할 시간이 얼마 남지 않아 9월에는 마을에 가서 대부분 아이들과 시간을 보냈다. 방과 후에 아이들 집에 찾아가고 거리의 꼬마들과 시간을 보냈다.

그런데 무디가 9월부터 학교에서 보이지 않는다. 처음에는 말라리아에 걸려 아파서 못 나온 것이었는데 시간이 지나도 학교에 나오지 않았다. 집에 찾아가 보니 무디와 무디 엄마가 없다. 신기다에 아빠를 보러 갔다고 한다. 떠나기 전 무디를 한 번이라도 더 보고 싶었는데 속상하다. 다음 주, 다시 집에 찾아갔다. 아직도 무디가 돌아오지 않았다. 무디 엄마가 피부병이 심해져서 모로고로 병원에 있다가 다레살람 병원으로 갔다고 한다.

이제 정말 모로고로를 떠날 날이 며칠 안 남았는데, 생각지도 못한 일이 벌어졌다. 가장 정들었던 무디와 인사도 못 하고 떠나게 될 줄 몰랐다. 오죽하면 다레살람 어느 병원인지 찾아가 보고 싶다. 나도 모로고로를 떠나 다레살람에서 며칠 묵고 공항으로 떠나기 때문이다. 아쉬운 마음으로 무디 가족들과 집에서 마지막 인사를 나누고 돌아왔다.

'무디야, 아프지 말고 항상 건강하고 씩씩하길 기도할게. 우리 반드시 웃으며 다시 만나자! 내게 마음을 열어줘서 고마웠어. 안녕, 꼬마 친구 무디.'

무디 가족과 함께

05

Asante wakorea

모로고로에서 함께 지냈던 선교사님, 청년들과 송별회를 했다. 그동안 탄자니아에서 지내면서 느꼈던 점 그리고 감사했던 것을 이야기하며 마지막 인사를 드렸다.

14개월 동안 선교사님들을 가까이에서 보며 많은 것들을 느꼈다. 한국과는 비교도 할 수 없는 열악한 환경 속에서 탄자니아 영혼들을 사랑으로 섬기고 양육하며 살아가시는 모습을 보고 배울 수 있어 감사했다.

마을 사람들과 정이 든 것 같이 선교사님들과도 정이 들었는데 어느덧 마지막 인사를 건넬 순간이 온 것이 아쉽기만 하다. 비록 헤어지지만, 한국에서도 잊지 않고 기도하겠습니다.

06

안녕, 팡가웨

봉제 아카데미 학생들이 준비한 노래와 율동

송별식에 모인 아이들

　오늘은 팡가웨 마을 주민들과 송별회를 하는 날. 어쩌면 마을 사람들에게 더 큰 의미가 있는 날인 것 같다. 마을 주민들이야말로 5년 동안 한국 봉사자들과 함께하며 마을의 성장을 위해 고군분투했던 모든 과정을 바라봐왔기 때문이다.

　아침부터 기분이 묘하다. 새마을 리더, 마을 이장단, 많은 주민이 모여 송별회를 한다는 것이 어색하기만 하다. 수년 동안 단원들과 함께 정말 성실하게 역할을 해줬던 빅터와도 곧 이별이다. 빅터는 내가 본 탄자니아 청년 중에 가장 성실하고 정직한 청년이다. 말없이 늘 열심히 하고 욕심도 부리지 않고, 착하고 똑똑하다. 운전하는 것이 본업이지만 친구처럼, 길잡이처럼 팀원들의 모든 것들을 도와주고 팡가웨 마을과 함께해준 팀원이다. 빅터까지 6명이 원팀이었다.

편지 읽는 빅터

　새마을 리더, 마을 이장단, 그룹 리더, 아이들과 많은 주민들, 자문관 선생님, 선교사님까지 자리를 가득 채워주었다. 팀원들은 이들과 맞은편에 앉았다. 리누스의 사회로 송별식을 시작했다. 리더들이 직접 쓴 편지를 읽는 시간을 가졌다. 그리고 빅터까지 우리에게 편지를 써왔다. 편지를 읽으며 울컥하는 빅터의 모습에 나도 울컥했다. 단원 대표로는 팀장님이 감사편지를 낭독했다.

　봉제 아카데미 학생들이 율동과 함께 노래를 불러주었다. 너무나 고마웠다. 그리고 리더들이 단원 한 명 한 명에게 선물을 건네주었다. 빅터도 우리에게 선물을 줬다. 그런데 또 다른 깜짝 이벤트가 있었다. 봉제 아카데미 학생들이 그동안 우리에게 입혀줄 옷을 직접 만든 것. 옷을 입고 다시 무대에 오르자 모두가 환호하며 좋아했다.

선물 받은 옷으로 갈아입고 찍은 마지막 단체 사진

　　마지막 단체 사진 촬영을 하고 송별식을 마쳤다. 몰려온 아이들에게 눈을 뗄 수가 없다. 아이들을 한 명이라도 더 보고 싶고 사진을 한 장이라도 더 남기고 싶다.

　　오늘 주민들에게 고맙다는 말을 많이 들었다. 내 생각에 5년 동안 팡가웨 마을에서 수고했던 모든 한국인에게 가졌던 감사의 마음을 우리에게 다 쏟아 표현해준 것 같다. 편지로 그동안의 마음을 표현해준 것은 정말 감동이었다. 고맙고도 아쉬운 마음이 크다. 정들었던 팡가웨를 떠난다는 것이 여전히 섭섭하고 아쉽다.

　　단원 지원서를 넣을 때 탄자니아를 제1지망으로 해서 결국 탄자니아에 오게 되었다. 합숙면접 때 4개의 마을 중 팡가웨에 가고 싶다고 말했었는데 정말 팡가웨 마을에 파견이 되었고 어느새 시간이 흘러 무사히 활동을 마쳤다. 아플때마다 기도하며 버텨낸 시간들을 생각하니 감사하다.

　　팡가웨 마을은 내 꿈의 첫 시작, 첫사랑과 같은 곳이 되었다. 몇 년 뒤 다시 마을에 오기를 다짐한 그 약속이 벌써 기다려진다. Kwaheri, pangawe. Nitarudi tena!

07

마지막 하루

다시금 이 땅에 돌아올 때 그때는 지금보다 더 큰 열정과 사랑을 가지고 돌아오고 싶다.
안녕, 탄자니아.

한국으로 짐을 보내고 캐리어에 가져갈 짐도 정리를 하고 나니 집이 텅텅 비었다. 어느덧 찾아온 모로고로에서의 마지막 하루. 아침부터 빅터가 자전거를 타고 집 앞으로 찾아왔다. 빅터와도 정말 마지막이다. 어제 선물 산 것을 빅터에게 전해주며 진짜 마지막 인사를 나눴다.

팀장님과 함께 팡가웨에 들어가서 전해 줄 물건을 건네주고 다시 집으로 돌아왔다. 오늘 저녁 마지막으로 언니들과 집에서 저녁을 먹기로 했다. 시내에서 탄두리와 소다를 사와 집에서 함께 먹었다. 언니들에게 쓴 편지를 나누어주고 나도 편지를 받았다. 함께 사진도 찍고 언니들에게 줄 물건들을 챙겨줬다. 다시 한국에서 만날 날을 기약하며 마지막 인사를 나누고 텅텅 빈 집 안에 홀로 있으니 기분이 묘하다. 오늘 밤은 잠을 못 이룰 것 같다.

다음 날 아침 일찍 일어나 팡가웨로 들어갔다. 마지막으로 선교사님이 닭죽을 끓여주셔서 함께 아침을 먹었다. 이제 1년 동안 다녔던 팡가웨 교회도 오늘이 마지막이라고 생각하니 섭섭하다. 그동안 부모님같이 챙겨주시고 함께해주신 두 분과도 이별할 순간이 다가왔다. 뒤를 돌아보니 선교사님이 눈물을 흘리고 계신다. 나는 이제 가족의 품으로 돌아가지만, 선교사님은 긴 세월 가족은 물론 나처럼 1, 2년 왔다가는 청년들과도 만남과 이별을 반복해오셨다. 그 생각을 하니 마음이 더 아프다.

다레살람에서 마지막으로 사무소에 모여 귀국 간담회를 하고 공식적인 활동이 마무리되었다. 사무소 선생님들과도 마지막 인사를 나눴다.

마지막으로 헌정 선생님과 슬립웨이에서 만났다. 선생님은 탄자니아에서 같은 단원으로 만나 각별한 인연이 되었다. 선생님이 모로고로 언어학교에 왔을 때 모임을 통해서 처음 알게 되었고 그때 이야기를 나누며 친해지게 되었다. 선생님은 그동안 나에게 든든한 언니처럼 힘이 되어 주셨다. 고맙고 소중한 인연이다. 선생님께 소중했던 내 기타도 전해드렸다.

이제 내일이면 정말 탄자니아를 떠난다. 정들었던 탄자니아, 팡가웨 주민들, 아이들, 선생님들, 무더운 날씨, 사무소도 이젠 정말 안녕이다. 1년 2개월의 시간이 빠르게 지났다. 생각해보니 혼자가 아닌 팀 활동이라 어려웠던 점들이 많았지만, 혼자였다면 더 힘들었을 것 같다. 합숙부터 희로애락을 함께했던 동기들이 있어 참 다행이었다.

처음 이 땅을 밟았을 때도 열정과 사랑을 품고 있었지만 떠나는 지금 열정과 사랑이 더 커졌다. 다시금 이 땅에 돌아올 때는 지금보다 더 큰 열정과 사랑을 가지고 돌아오고 싶다. '안녕, 잊지 못할 내 사랑 탄자니아.'

Epilogue

탄자니아를 떠나기 전 사무소 인턴 선생님이 '은희 쌤, 이미 탄자니아 병에 걸렸어요!'라고 말했다. 탄자니아 병, 그 말인즉슨 탄자니아와 사랑에 빠졌던 사람은 어떻게든 다시 돌아온다는 것.

나도 정말 탄자니아 병에 단단히 걸렸나 보다. 두바이 공항에서도 인천공항에서 집으로 가는 길에도 마음은 여전히 탄자니아에 있다. 잠시 한국에 휴가를 나왔다 돌아가는 것만 같은, 그리고 싶은 마음이다.

그러나 한 가지 확실하게 다짐한 게 있다. 욕심 같아서는 최대한 빨리 다시 탄자니아에 나가고 싶다. 하지만 1년 2개월 동안 많은 것들을 경험하고 느꼈기 때문에 준비 없이 바로 나가고 싶지 않다.

사랑하는 이들을 위해 아프리카 필드로 다시 돌아갈 거다. 그 길을 이전보다 튼튼히 걸어가기 위한 준비를 하고 싶다. 1년 2개월의 시간을 통해 뭐가 부족하고 무엇을 더 준비해야 하는지를 깨달았다. 다시 그 길까지 가는 데 있어서 채워져야 할 것들을 하나하나 준비해야 한다. 그렇게 살다 보면 훗날 다시 아프리카에 돌아와 있을 것 같다. 더 큰 비전을 이루기 위해 단단해지는 연습을 하고 싶다. 혹 그 여정이 힘들지라도 다시 일어설 수 있게 하는 비전이 있기에 두렵지 않다.

주변에선 아프고 고생했는데 또 아프리카 갈 거냐고 하지만, 장티푸스와 말라리아에 걸리면서 풍토병으로 인해 고통받는 이들의 심정을 더 알게 되었다. 아픈 이들을 진심으로 위로할 수 있게 되어 오히려 감사하다. 내가 아팠던 만큼 이들을 더 많이 사랑하게 되었다. 이 길을 갈 수 있게 만들어주는 원동력과 뜨거운 마음이 있다는 것이 감사할 뿐이다. 1년 2개월 20대 청춘의 한때, 꿈이었던 탄자니아를 마음껏 사랑할 수 있어 행복했다.

탄자니아에서 첫 발걸음을 걷게 기회를 주신 코이카와 새마을세계화 재단에 감사하다. 긴 여정 끝에 지역개발단원으로 열망했던 동아프리카 탄자니아에서 꿈을 펼칠 수 있게 되어 행복했고 의지하며 함께 한 동기들에게도 고맙다. 새마을 단원들을 위해 애써주신 탄자니아 코이카 사무소 효영 쌤, 다르 병원에서 도와주신 지은 쌤께 특별히 감사하다.

모로고로 선교사님들께도 감사드린다. 아플 때마다 챙겨주시고 보살펴 주신 사랑, 만날 때마다 해주신 좋은 말씀들 잊지 못할 것 같다. 늘 기도하고 있습니다. 많은 시간 함께한 형 선교사님, 이 선교사님 존경하고 감사합니다.

인생에서 다신 못 만날 것 같은 특별한 인연, 모로고로 청춘 희진, 동희, 혜지, 진영 언니. 자주 아픈 막내 챙겨줘서 고마웠고 함께한 시간들 절대 잊지 못할 거에요.

Asanteni walimu wa Shule ya Msingi ya Pangawe ambao mlikua familia yangu. Asanteni sana. Hasa mwalimu Rose. Nawapenda watoto wote wa Pangawe.(Mudi, Abu, Mussa, Hadija, Badi…). Na mshiriki wetu Victor alikuwa mwenye shukrani na shukrani sana. Asanteni washiriki wote muhimu wa miradi ya Saemaul. Asanteni. hasa Rinus, Mussa, Simon.

힘들었던 순간마다 천사처럼 찾아와 힘이 되어준 모든 이들, 잊지 않고 기도해주신 TCC 식구들 감사합니다. 잊지 않고 걱정하며 응원해준 에셀, 지영, 예지, 인희 언니, 데보라, 헌정 쌤 모두 고마워요. 막내딸 꿈 응원해주고 기도해주시는 아빠, 엄마 그리고 언니 고맙고 사랑합니다. Utukufu kwa Mungu.

정은희

어렸을 때부터 꾸준히 글 쓰는 것을 좋아해 스무 살, 문예창작학과에 진학했다. 외유내강, 겉보기와 달리 도전하는 것을 좋아하고 한번 마음먹은 것은 포기하지 않는 근성 있는 성격을 가졌다.

어릴 때부터 아프리카 아이들을 사랑하는 마음과 열정으로 NGO Worker로 사회생활을 시작. 일하면 일할수록, 알면 알수록 아프리카 현장에 나가고 싶은 마음이 커져 KOICA 해외봉사단에 지원했다.

탄자니아를 고집하다 결국 탄자니아 지역개발단원으로 선발되어 1년 2개월 동안 탄자니아 모로고로 팡가웨 마을에서 활동했다. 한국에 돌아와 다시 NGO 사업팀에서 일했고 아프리카에 나가기 위해 단단해지는 시간을 보내고 있다.

E-mail: wemaj@naver.com